Sascha Pfeiffer

Israel zwischen Sechstagekrieg und Yom-Kippur-Krieg

Stabilisierung oder Eskalation des Nahost-Konflikts?

Bachelor + Master Publishing

Pfeiffer, Sascha: Israel zwischen Sechstagekrieg und Yom-Kippur-Krieg. Stabilisierung oder Eskalation des Nahost-Konflikts?, Hamburg, Diplomica Verlag GmbH 2012

Originaltitel der Abschlussarbeit: Israel zwischen Sechstagekrieg und Yom-Kippur-Krieg: Stabilisierung oder Eskalation des Nahost-Konflikts?

ISBN: 978-3-86341-468-9
Druck: Bachelor + Master Publishing, ein Imprint der Diplomica® Verlag GmbH, Hamburg, 2012
Zugl. Heinrich-Heine-Universität Düsseldorf, Düsseldorf, Deutschland, Bachelorarbeit, März 2012

Bibliografische Information der Deutschen Nationalbibliothek:
Die Deutsche Nationalbibliothek verzeichnet diese Publikation in der Deutschen Nationalbibliografie; detaillierte bibliografische Daten sind im Internet über http://dnb.d-nb.de abrufbar.

Die digitale Ausgabe (eBook-Ausgabe) dieses Titels trägt die ISBN 978-3-86341-968-4 und kann über den Handel oder den Verlag bezogen werden.

Dieses Werk ist urheberrechtlich geschützt. Die dadurch begründeten Rechte, insbesondere die der Übersetzung, des Nachdrucks, des Vortrags, der Entnahme von Abbildungen und Tabellen, der Funksendung, der Mikroverfilmung oder der Vervielfältigung auf anderen Wegen und der Speicherung in Datenverarbeitungsanlagen, bleiben, auch bei nur auszugsweiser Verwertung, vorbehalten. Eine Vervielfältigung dieses Werkes oder von Teilen dieses Werkes ist auch im Einzelfall nur in den Grenzen der gesetzlichen Bestimmungen des Urheberrechtsgesetzes der Bundesrepublik Deutschland in der jeweils geltenden Fassung zulässig. Sie ist grundsätzlich vergütungspflichtig. Zuwiderhandlungen unterliegen den Strafbestimmungen des Urheberrechtes.

Die Wiedergabe von Gebrauchsnamen, Handelsnamen, Warenbezeichnungen usw. in diesem Werk berechtigt auch ohne besondere Kennzeichnung nicht zu der Annahme, dass solche Namen im Sinne der Warenzeichen- und Markenschutz-Gesetzgebung als frei zu betrachten wären und daher von jedermann benutzt werden dürften.

Die Informationen in diesem Werk wurden mit Sorgfalt erarbeitet. Dennoch können Fehler nicht vollständig ausgeschlossen werden, und die Diplomarbeiten Agentur, die Autoren oder Übersetzer übernehmen keine juristische Verantwortung oder irgendeine Haftung für evtl. verbliebene fehlerhafte Angaben und deren Folgen.

© Bachelor + Master Publishing, ein Imprint der Diplomica® Verlag GmbH
http://www.diplom.de, Hamburg 2012
Printed in Germany

Inhaltsverzeichnis

1. Einleitung 1
2. Forschungsbericht 4
3. **Sechstagekrieg 1967** 6
    3.1. Verlauf des Krieges 10
    3.2. Angriff auf die „USS Liberty" 13
    3.3. Folgen 14
4. **Vom Sechstagekrieg zur Atommacht** 17
    4.1. Von den Rüstungsverhandlungen 1968/69 zum politischen Umbruch der israelisch -amerikanischen Beziehungen 18
5. **Der Abnutzungskrieg** 22
6. **Israel und die PLO** 26
7. **Yom-Kippur-Krieg** 29
    7.1. Verlauf des Krieges 29
    7.2. Folgen 36
8. **Fazit** 39
9. **Akteneditionen** 42
10. **Bibliographie** 43
11. **Zeitungen** 46
12. **Web-Ressourcen** 47

1. Einleitung

Die Geschichte des Staates Israel begann bereits mit der von Theodor Herzl 1867 ins Leben gerufenen zionistischen Bewegung, welche eine Heimstätte für das jüdische Volk forderte. Dabei bekam die Bewegung durch die „Balfour Deklaration" vom 2. November 1917 zusätzlichen Schwung und Legitimität. Zu diesem Zeitpunkt war Palästina britisches Mandatsgebiet. Der damalige englische Außenminister Arthur James Balfour erklärte mit diesem Dokument: „His Majesty's Government view with favour the establishment in Palestine of a national home for the Jewish people, and will use their best endeavours to facilitate the achievement of this object, [...]". [1] [2] Diese Erklärung wurde später zur Basis des Teilungsplans der Vereinten Nationen für Palästina.

In der Folge des Ersten Weltkriegs wanderten zunehmend mehr Juden nach Palästina ein und die britische Regierung sah sich, aufgrund aufkommender Konflikte zwischen Juden und Arabern, gezwungen, das „Weißbuch" 1939 zu veröffentlichen. Darin wird die Position der englischen Krone zur Lage der Juden in Palästina dargelegt: „Phrases have been used such as that Palestine is to become 'as Jewish as England is English.' His Majesty's Government regard any such expectation as impracticable and have no such aim in view." [3] Das Buch brach mit der Politik der vorangegangenen Jahre, da die Einwanderungszahl für die nächsten fünf Jahre öffentlich festgelegt wurde.[4] Der 1939 ausbrechende Zweite Weltkrieg machte jedoch diesen Plan zunichte und eine UN-Kommission empfahl 1947 die Teilung Palästinas in zwei Staaten.

Auf Basis des Kommissionsergebnisses wurde am 14. Mai 1948 von David Ben Gurion der Staat Israel proklamiert.[5] Es dauerte keine vierundzwanzig Stunden bis Streitkräfte Ägyptens, Jordaniens, Syriens, des Libanons und des Iraks den neu gegründeten israelischen Staat aus allen Richtungen angriffen und in einen beinahe fünfzehn Monate andauernden Existenzkrieg zwangen.[6]

---

[1] Palestine for the Jews. Balfour Declaration http://www.crethiplethi.com/the-balfour-declaration-of-1917/english/2010/ [03.01.2012].
[2] Arthur James Balfour von 1916 bis 1919 britischer Außenminister.
[3] British White Paper of June 1922
http://avalon.law.yale.edu/20th_century/brwh1922.asp [03.01.2012].
[4] Steininger, Rolf: Der Nahostkonflikt. Frankfurt am Main 2003, S. 25.
[5] David Ben Gurion von 1948 bis 1953 und von 1955 bis 1963 israelischer Ministerpräsident.
[6] Steininger, Der Nahostkonflikt, S. 39f.

Während des Krieges gelang es den israelischen Streitkräften, im Oktober 1948, auch, die Wüste Negev unter Kontrolle zu bekommen. Für Israel war dabei von entscheidender Bedeutung, dass es nun ein durchgehendes Territorium vom Mittelmeer bis zum Roten Meer hatte und dieses auch kontrollieren konnte.[7]

Der erste arabisch-israelische Krieg, auch Unabhängigkeitskrieg genannt, endete mit einem erstarkten Selbstbewusstsein Israels und dem Glauben daran, dass jeder weitere Kampf auch mit der Existenz des Staates gleichzusetzen sei. Interessant daran ist, dass Ben Gurion bereits am 12. Januar 1949, gerade einmal fünf Tage nach Ende der Kämpfe, darauf aufmerksam machte, dass es durchaus nicht das Ende der Gefahr für Israel bedeute und das jüdische Volk weiterhin wehrhaft bleiben müsse.[8]

Doch bereits 1956 sollte es zu einem neuen Konflikt im Nahen Osten kommen. Ägypten sperrte für israelische Schiffe die Durchfahrt durch den Suezkanal, welcher kurz zuvor von Ägypten verstaatlicht worden war. Des Weiteren wurde die Straße von Tiran gesperrt. Frankreich und Großbritannien schlossen sich Israel in den folgenden Kampfhandlungen an, um die vom ägyptischen Präsidenten Gamal Abdel Nasser vorgenommene Verstaatlichung des Suezkanals rückgängig zu machen.[9] Dabei war vorgesehen, dass Israel als erstes Angreifen sollte und im Anschluss daran französische und britische Truppen am Suezkanal landen sollten, um diesen zu sichern und die Verstaatlichung rückgängig zu machen.[10] Am 29. Oktober 1956 überschritten die israelischen Truppen die Grenze und begannen mit ihrem Vorstoß auf der Sinai-Halbinsel. Dieser erreichte bereits binnen weniger Tage den Suezkanal. Allerdings drängten die Vereinten Nationen am 7. November 1956 zum Waffenstillstand und dazu die besetzten Gebiete zu räumen. Israel weigerte sich jedoch noch bis 1957, den, während der Krise besetzten Gaza-Streifen, zu räumen.

---

[7] Vieweger, Dieter: Streit um das heilige Land. Was jeder vom israelisch-palästinensischen Konflikt wissen sollte. München 2010, S.159ff.
[8] Statement by Prime Minister Ben Gurion (12 January 1949) http://www.mfa.gov.il/MFA/Foreign+Relations/Israels+Foreign+Relations+since+1947/1947-1974/20+Let+us+not+glory-+from+a+statement+by+Prime+Min.htm [04.01.2012].
[9] Gamal Abdel Nasser, seit 1954 Staatspräsident Ägyptens sah sich als Führer eines arabischen Nationalismus. Steiniger S. 40.
[10] Steininger, Der Nahostkonflikt, S. 44.

Für Ägyptens Präsident Nasser wurde die Suezkrise militärisch zu einem Desaster, da bereits zum zweiten Mal nach 1948 die ägyptischen Streitkräfte den israelischen unterlegen gewesen waren. Allerdings stärkte die Niederlage Nasser innenpolitisch, so dass er seine Idee der Vereinigung aller Araber in einem Nationalstaat weiter verbreiten konnte. Zwischen Israel und Ägypten wurde nach der Krise von den Vereinten Nationen eine Friedenstruppe unter der Bezeichnung „United Nations Emergency Force" eingerichtet.[11]

In der Folgezeit der Suezkrise beschäftigte sich Ben Gurion mit der Modernisierung der israelischen Armee, welche zu großen Teilen mit französischem Militärgerät ausgestattet worden war. Außerdem wurden Pläne verfolgt, den Süden Israels zu urbanisieren, was jedoch nur durch Bewässerung möglich war.
Zu diesem Zweck baute Israel seit 1959 den „National Water Carrier", um Wasser aus dem Jordan und aus dem See Genezareth in die Wüste Negev umzuleiten. Dies geschah unter starken Protesten Syriens, Jordaniens und Ägyptens. Da diese seitens Israel ignoriert wurden, planten Syrien und der Libanon mit dem „Headwater Diversion Plan", das Wasser des Jordans so umzuleiten, dass Israels Wasserversorgung stark beeinträchtigt worden wäre. Als Reaktion darauf griff die israelische Armee das syrische Staudammprojekt mehrfach an, was zu einer immer gefährlicheren Eskalation der Grenzkonflikte führte. So kam es zum Beispiel am 14. Juli 1966 zu einer Bombardierung des Staudammprojekts und am 15. August 1966 zu einem Luftkampf zwischen Israel und Syrien. All diese Konflikte wurden durch die israelische Luftwaffe ausgetragen, obwohl Syrien immer wieder behauptete, dass es an der Grenze zu einem Aufmarsch israelischer Truppenverbände gekommen wäre.[12]

Israel befand sich zu diesem Zeitpunkt bereits am Vorabend des Sechstagekriegs. Doch sollte auch dieser Krieg für Israel ein Existenzkrieg werden? Oder stand der nächste Waffengang im Nahen Osten unter ganz anderen Vorzeichen? Und welche Rolle spielten dabei die Supermächte?

---

[11] Vieweger, S.169f.
[12] Steininger, Rolf: Eine Aktenedition. Berichte aus Israel. 1966 – 1968 Botschafter Dr. Walther Peinsipp. Bd. 9. München 2004, S. 129f.

2. Forschungsbericht

Die Auswertung der zur Verfügung stehenden Literatur und Quellen hat gezeigt, wie schwer es ist eine fundierte Analyse der sicherheitspolitischen Lage des Nahen Ostens in der Zeit zwischen dem Sechstagekrieg und dem Yom-Kippur Krieg zu erstellen.

Obwohl es sich um eine geografisch gesehen kleine Region der Welt handelt, finden sich dort so viele Akteure zusammen, dass die differenzierte Betrachtung enorm erschwert wird. Zudem muss der in dieser Arbeit behandelte Zeitraum im Kontext des Kalten Kriegs und dem somit andauernd stattfindenden Machtspiel der Supermächte gesehen werden. Auch der Frage nach der nuklearen Abschreckung und der damit eventuell möglichen Sicherheitsgarantie für den Staat Israel muss genug Beachtung geschenkt werden, um der Frage nach einer Stabilisierung oder Eskalation der Gewalt effektiv nachgehen zu können.

Gerade dieser Aspekt beschäftigt die Forschung aktuell besonders, da mit dem Jahr „1967" eine Zäsur in der amerikanischen Israel-Politik stattgefunden hat. Die Frage nach dem Jagdbomberverkauf an Israel wird mit Sicherheit noch nachfolgende Publikationen und Arbeiten beschäftigen, wie die Quellenlage bei „National Security Archives" in Washington vermuten lässt. Eine Vielzahl der Quellen zur amerikanischen Außenpolitik gerade mit Blick auf den Umgang mit dem israelischen Atomprogramm ist erst in den letzten Jahren freigegeben worden und zum Teil auch noch stark zensiert. Ziel dieser Arbeit soll es also unter anderem sein, den Dreh- und Angelpunkt des Jahres „1967" in seiner Bedeutung für die amerikanisch-israelischen Beziehungen und deren Bedeutung für den gesamten Nahen Osten aufzuzeigen, um dadurch die weitere Entwicklung bis zum Yom-Kippur-Krieg zu verstehen.

Hierbei waren die Werke von Michael Oren, der eine sehr gute Darstellung der Ereignisse vor und während des Sechstagekriegs liefert, sowie das Werk von Dieter Vieweger, der eine schematische Darstellung des gesamten Nahostkonflikts liefert, zum Einstieg in das Thema von entscheidender Bedeutung für die Arbeit. Für die europäische Haltung während der untersuchten Zeitspanne sind die von Rolf Steininger herausgegebenen Quellen zur deutsch-israelische Beziehung von unschätzbarem Wert.

Leider kann aufgrund der schlechten Quellenlage und des begrenzten Platzes, den diese Arbeit bietet, die arabische Sicht nicht weiter vertieft werden, sodass diese Arbeit einen starken Fokus auf die westlich-israelischen Beziehungen während der Zeit des Kalten Kriegs legt.

3. Sechstagekrieg 1967

Mit dem Sechstagekrieg 1967 begann der dritte arabisch-israelische Krieg nach 1948 und 1956. Bis 1967 hatte noch kein arabischer Staat Israel politisch anerkannt, und somit entstand in Israel die Furcht vor einem neuen Angriff seitens der arabischen Staaten. Zwar hatte Ägypten 1956 eine militärische Niederlage erlitten, allerdings hatte sich die anti-israelische Politik von Nasser nicht verändert, daher blieb eine wehrhafte Verteidigungspolitik für Israel zwingend notwendig.

Mit der Unterstützung seitens der Sowjetunion gelang es Ägypten, seine angeschlagenen Streitkräfte neu und besser auszurüsten. Syrien, welches ebenfalls dem Einflussbereich der Sowjetunion angehörte, verstärkte ebenfalls seine Truppen. Durch die Rüstungshilfen der Sowjets für die arabischen Staaten wurde Israels Atomreaktor in Dimona gefährdet, was als zusätzlicher Katalysator für den Ausbruch des Kriegs diente. Für die Sowjets stellte das israelische Atomprogramm bereits 1966 eine unmittelbare Gefahr für den Weltfrieden und den gesamten Nahen Osten dar. Moskau verglich die Rolle Israels in der Region mit der des Balkans während des ersten Weltkriegs.[13] Der Kalte Krieg hatte dazu geführt, dass die arabischen Länder sich für Waffenlieferungen an Moskau wandten und Israel aufgrund seiner bedrohten Lage massiv von den USA in den folgenden Jahren unterstützt werden sollte.[14]

Schon seit der Regierung J.F. Kennedys fürchteten die USA, sowie auch die israelische Regierung, dass durch die sowjetischen Raketenlieferungen an Syrien und Ägypten der Reaktor von Dimona in die Reichweite eben dieser sowjetischen Raketen gelangen könnte.[15] Zudem nahmen die Grenzzwischenfälle stetig zu und oft lagen israelische Siedlungen unter syrischem Beschuss, welcher von den Golanhöhen aus erfolgte. Nasser, der sich mittlerweile als panarabischer Führer inszenierte und von Israel als zweiter Hitler wahrgenommen wurde, drohte über seinen Propagandasender „Saut al-Arab" mit der Vernichtung des Staates Israel: „Eure Führer

---

[13] Steininger, Eine Aktenedition. Bd. 9, S.74f.
[14] Kuniholm, Bruce: Die Nahostkriege, der Palästinakonflikt und der Kalte Krieg. In: Bernd Greiner u.a. (Hrsg): Heiße Kriege im Kalten Krieg. Studien zum Kalten Krieg Bd.1. Hamburg 2006, S. 442-468, hier: S. 451
[15] Ebd., S. 451.

werden euch nicht helfen. Sie werden einen Holocaust über euch bringen!". Diese Propaganda wurde auf Hebräisch ausgestrahlt, damit nach Möglichkeit jeder Israeli sie verstehen konnte.[16]

Im November 1966 schlossen sich dann Syrien und Ägypten in einem Militärbündnis zusammen, welchem am 30. Mai 1967 auch Jordanien beitrat. Zwar wollte König Hussein von Jordanien sich ursprünglich aus einem möglichen Krieg zwischen Syrien und Israel heraushalten und nur bei einem Konflikt zwischen Ägypten und Israel ein symbolisches Maß an Truppen auf den Sinai schicken, allerdings entschied er sich kurz drauf um. Das Abkommen, welches Hussein unterzeichnete, war eine im Wortlaut exakte Kopie des Abkommens, das zuvor zwischen Ägypten und Syrien geschlossen worden war.[17]

Am 17. Mai 1967 forderte Nasser die „United Nations Emergency Force" (UNEF) zum Abzug aus dem Sinai auf. Mit dem Abzug wurde dann auch am 19. Mai begonnen. Zuvor hatte es seitens der Vereinten Nationen noch das Angebot gegeben, die Truppen auf israelisches Gebiet zu verlegen, was von Israel allerdings mit Blick auf die dadurch eingeschränkte Wehrhaftigkeit abgelehnt wurde.[18]

Zeitgleich mit dem Abzug der UN-Blauhelme begannen ägyptische Streitkräfte auf Befehl Nassers mit der Besetzung des Sinai. Außerdem wurde in Syrien und in Jordanien die Armee ebenfalls mobilisiert. Bereits zu diesem Zeitpunkt war es auch westlichen Beobachtern klar, dass die Grenzkonflikte zu einem Krieg führen würden, der nur noch aufgeschoben aber nicht mehr abgewendet werden könnte.[19] Am 22. Mai ließ Nasser dann zudem die Straße von Tiran und damit den Zugang von Eilat zum Roten Meer schließen. Die Regierung unter Levi Eschkol reagierte in den Augen von General Ariel Sharon nicht aggressiv genug auf dieses Vorgehen von Nasser, was sich an Sharons Aussage sehr deutlich zeigte: *„Today we have removed with our own hand our most powerful weapon – the enemy's fear of us. We have the power to destroy the Egyptian army, but if we give in on the free passage, we have opened the door to Israel's destruction. We will have to pay a far higher price in the future for something that we in any case had to do now… The people of Israel are*

---

[16] Segev, Tom: 1967. Israels zweite Geburt. Bonn 2007, S. 346.
[17] Oren, Michael B.: Six Days of War. June 1967 and the Making of the Modern Middle East. New York, 2003, S. 128f.
[18] Mahr, Horst: Die Rolle Ägyptens in der amerikanischen und sowjetischen Außenpolitik. Von der Suezkrise 1956 bis zum Sechs-Tage-Krieg 1967. Baden-Baden 1993, S. 297f.
[19] Steininger, Eine Aktenedition. Bd. 9, S. 189f.

ready to wage a just war, and to pay the price. The question isn't free passage but the existence of the people of Israel."[20] Zu diesem Zeitpunkt waren sich die IDF Generäle deutlich ihrer Stärke bewusst und waren ohne Zögern zu einem neuen Krieg bereit.

Am 2. Juni erlitt Israel noch einen weiteren herben Rückschlag, als der französische Präsident Charles de Gaulle ein Waffenembargo gegen das Land verhängte. Während Waffenlieferungen seitens der USA an Israel erst ab 1958 in Form einer Jagdstaffel realisiert worden waren, waren die Franzosen bis 1967 Hauptwaffenlieferant Israels gewesen. Die USA wollten bis in die 1960er Jahre hinein ihre Stellung im Nahen Osten nicht gefährden und fürchteten, dass es dort zu einer Rüstungseskalation kommen könne. Der Blick richtete sich dabei auch immer wieder auf den israelischen Atomreaktor in Dimona. Erst in den 1960er Jahren wurden unter Kennedy Aufrüstungen für Israel genehmigt.[21]

Ende Mai 1967 waren die arabischen Staaten durch ihre militärischen Bündnisse, was die Truppenstärke anging, praktisch gleichstark wie Israel. Allerdings waren die israelischen Truppen besser ausgerüstet und geschult. Zudem konnten sie von den Erfahrungen der ersten beiden israelisch-arabischen Kriege zehren. All diese Faktoren sorgten für den israelischen Eindruck einer Einkesselung seitens der arabischen Staaten und einer allgegenwärtigen Bedrohung. Selbst Generalstabschef Jitzhak Rabin glaubte, dass Israel sich seiner schlimmsten Prüfung seit dem Unabhängigkeitskrieg gegenüber sah.[22] Die Äußerungen Nassers in Kairo gegenüber UNO Generalsekretär U Thant dienten Israel nur dazu, sich noch bedrohter zu fühlen, da Nasser eine Unterstützung seitens der Vereinigten Staaten von Amerika für Israel als Aggression ansah und zu Israel selber meinte: *„Wir akzeptieren keinerlei Art von Koexistenz mit Israel, denn die Schaffung dieses Staates bedeutet an sich schon eine Aggression gegen die Araber."* Während des Treffens machte Nasser U Thant klar, dass er die Unterstützung Großbritanniens und der Vereinigten Staaten ablehne und lediglich die Haltung Frankreichs, welches sich für Nasser neutral verhielt, begrüße.[23]

---

[20] Oren, S. 134.
[21] Scheben, Thomas: Ägypten im Kalten Krieg. In: Bernd Greiner u.a. (Hrsg): Heiße Kriege im Kalten Krieg. Studien zum Kalten Krieg Bd. 1. Hamburg 2006, S. 408-441, hier: S. 416.
[22] Segev, S.344.
[23] Steininger, Eine Aktenedition. Bd. 9, S. 193f.

Mit der Ernennung Moshe Dayans zum Verteidigungsminister Anfang Juni 1967 reagierte Eschkol auf die zunehmende Bedrohung seitens der arabischen Staaten und auch auf die Stimmung im eigenen Land.[24] Die Ernennung hatte auch außenpolitische Signalwirkung, da dadurch signalisiert wurde, dass die entscheidende Phase des Konflikts eingeleitet wurde.[25] Kurz nach seiner Ernennung erklärte Dayan, dass es für Israel nur die Möglichkeit gäbe, die Blockade anzuerkennen oder einen militärischen Schlag gegen Ägypten zu führen. Entscheidend war dabei für Dayan, dass der Erstschlag von Israel ausgehen müsse, damit man den Krieg nach den eigenen Regeln und auf dem Gebiet der Ägypter führen könne.[26] Schließlich schickte Israel auch noch die ehemalige Außenministerin Golda Meir und spätere Ministerpräsidentin in die Vereinigten Staaten, um dort eine Spendenaktion durchzuführen. Dadurch war der letzte parteiinterne Widerstand in Israel gebrochen und Eschkols Macht innerhalb der Regierung wurde zunehmend geringer, der wahre Einfluss lag von da an bei Dayan.[27]

Dies führte zu dem Entschluss der israelischen Regierung Anfang Juni 1967, durch einen Präventivschlag die Bedrohung vorzeitig zu beseitigen. Israel sah sich in seinem Vorgehen dahingehend bestärkt, dass man die genaue Position aller ägyptischen Abwehrjets kannte. Außerdem war man sich auf höchster Ebene bewusst, dass dieser Krieg den gesamten Nahen Osten geopolitisch verändern würde, wie sich an der Äußerung Rabins zeigt: *„We have entered a situation of no retreat. Our objective is to give Nasser a knockout punch. That, I believe, will change the entire order of the Middle East. What's more, if we do it alone – not that I think anybody will help us – it will have a different impact than 1956."* [28]

Auf ägyptischer Seite war man sich des drohenden Angriffs seitens Israels durchaus bewusst, wie die Äußerung Nassers zeigte: *"We must expect the enemy strike within 48 to 72 hours, by June 5 at the latest."*[29] Trotz dieser Erkenntnis auf ägyptischer Seite sollte jedoch der Auftakt der Kampfhandlungen bereits den Sieg für Israel

---

[24] Moshe Dayan, von 1967 bis 1974 israelischer Verteidigungsminister, sowie von 1977 bis 1980 Außenminister Israels. Verlor 1941 beim Einsatz der Palmach in Syrien ein Auge. Steiniger, S. 29.
[25] Steiniger, Eine Aktenedition. Bd. 9, S. 206ff.
[26] Oren, S. 149.
[27] Steiniger, Eine Aktenedition. Bd. 9, S. 214.
[28] Oren., S. 151.
[29] Ebd., S. 158.

beuten. Moshe Dayan gab allerdings auch noch die Anweisung, nur Ägypten anzugreifen. Es sollte keine Kampfhandlungen mit Jordanien oder Syrien geben, bis einer der beiden Staaten Israel zuerst angreifen würde. Für Dayan handelte es sich, was die Kriegsplanung anging, hauptsächlich um einen Krieg gegen Ägypten.[30]

Die Vereinigten Staaten glaubten zu diesem Zeitpunkt immer noch daran, den Konflikt auch anders zu beseitigen. Zu diesem Zweck verwies man Israel darauf, dass sich die Vereinigten Staaten bereits 1956 zur freien Durchfahrt der Straße von Tiran bekannt haben und man nur noch nach geeigneten Mitteln suchte, um diese auch zu gewährleisten. Allerdings erkannten die amerikanischen Diplomaten bereits im Mai, dass sie jederzeit mit einem losschlagen Israels rechnen müssten, und dass der darauf folgende Krieg von relativ kurzer Dauer sein würde, da sowohl die Vereinigten Staaten als auch die Sowjetunion relativ schnell auf ein Ende der Kampfhandlungen bestehen würden. Während man auf westlicher Seite den Konflikt also zunehmend besorgt beobachtete, glaubte man auf sowjetischer Seite nicht an einen kurz bevorstehenden militärischen Konflikt und schaute lieber nach Vietnam, da dort ein für die Sowjetunion wichtigerer, bereits offen ausgebrochener militärischer Konflikt schwelte. Zudem sah man die Schließung des Golfs von Akaba durch Nasser als legal an, da es sich um Territorialgewässer Ägyptens handelte. Auf sowjetischer Seite war man nur gewillt, friedliche Mittel zur Bereinigung des Konflikts einzusetzen.[31]

3.1. Verlauf des Krieges

Am Morgen des 5. Juni 1967 begann die israelische Luftwaffe mit einem Präventivschlag gegen die Luft- und Bodenstreitkräfte von Ägypten und Syrien. Dabei gelang es der israelischen Luftwaffe, bereits während des ersten Tages, die gesamten ägyptischen Luftwaffenstützpunkte auf der Sinai-Halbinsel zu zerstören sowie drei Viertel aller modernen sowjetischen Kampfflugzeuge. Diese befanden sich zum Zeitpunkt des Angriffs alle am Boden.[32] Ähnlich erfolgreich war der Luftschlag gegen die syrischen Luftstreitkräfte, welche ebenfalls enorm geschwächt wurden. Die Reste

---
[30] Ebd., S. 154 und 168f.
[31] Steininger, Eine Aktenedition. Bd. 9, S. 197ff.
[32] Oren., S. 171.

der syrischen Luftwaffe wurden dabei soweit ins Landesinnere zurückgedrängt, dass sie für den weiteren Verlauf des Krieges de facto ohne Bedeutung waren. Am Ende dieses ersten Kriegstages stand Ägypten bereits am Rand der Niederlage und Israel besaß die Lufthoheit über den Sinai, zum Schutz der vorrückenden Panzerdivisionen. Diese schnelle Kriegsführung war bereits zuvor von Moshe Dayan gefordert worden, da er der festen Überzeugung war, dass Israel lediglich knapp drei Tage Zeit für sein Vorgehen gegen Ägypten hätte, und dass der Erfolg nicht an der Anzahl an zerstörten Flugzeugen und Panzern gemessen würde, sondern an dem Land, das in dieser Zeit erobert worden sei.[33]

Der Erfolg der israelischen Luftschläge zeigte sich auch an der Äußerung von Ministerpräsident Levi Eschkol gegenüber Harry C. McPherson Jr., der als Berater für Präsident Johnson in Israel war.[34] Eschkol meinte schon zur Mittagszeit des 5. Juni 1967, dass es nicht nötig wäre, in einen Bunker zu gehen. McPherson Jr. Wurde daraufhin klar, dass Israel bereits zu diesem Zeitpunkt gewonnen hatte.[35]

Kurz nach Ausbruch des Kriegs erklärten die Vereinigten Staaten, dass man in diesem Konflikt sowohl im politischen als auch im militärischen Sinne neutral bleiben wollte und seine endgültige Entscheidung darüber, wie man mit dem Konflikt umginge, von der Position der Sowjetunion abhängig machen würde.[36]

Der Erfolg der Luftoperationen gelang nur dadurch, dass die ägyptische Luftabwehr gezielt getäuscht wurde. Zum Zeitpunkt der beginnenden Kampfhandlungen hatte die sechste amerikanische Flotte im Mittelmeer eine Übung absolviert, von der Ägypten in Kenntnis gesetzt worden war. Israel hatte in Folge der Manöver seine eigene Luftwaffe angewiesen, permanent Scheinangriffe auf die Sinaigrenze fliegen zu lassen, die kurz vor Erreichen der Grenze abgebrochen wurden. Die ägyptische Luftwaffe wurde dadurch in einen Dauereinsatz gezogen, der die Maschinen dazu veranlasste, zum Tanken auf die Stützpunkte zurück zu kehren. Diese Situation nutzte die israelische Luftwaffe, um in den Manöverraum über der sechsten amerikanischen Flotte einzudringen und von dort aus die ägyptischen Stützpunkte zu bombardieren. Die Ägypter glaubten zuerst, dass es sich um die bereits identifizierten amerikanischen Maschinen handelte, und als klar wurde, dass dies nicht der Fall

---

[33] Ebd., S.153.
[34] Levi Eschkol: Ministerpräsident von 1963 – 1969.
[35] Segev, S. 409.
[36] Washington: Wir bleiben vorläufig neutral, Die Welt, 6.06.1967.

war, war es bereits zu spät.[37] Die Taktik führte dazu, dass Nasser später behaupten konnte, dass Israel alleine gar nicht zu einem solchen Luftschlag in der Lage gewesen wäre, und dass amerikanische Luftstreitkräfte in den Konflikt eingegriffen hätten.

Unter dem Schutz der eigenen Luftstreitkräfte begannen die israelischen Divisionen, unter anderem geführt von General Ariel Sharon, am 6. und 7. Juni auf den Sinai in Richtung Suezkanal vorzustoßen. Die jordanischen Streitkräfte, welche zur Unterstützung Syriens und Ägyptens ebenfalls in den Krieg eingegriffen hatten, konnten den israelischen Streitkräften in der Westbank und in Ostjerusalem keinen nennenswerten Widerstand entgegenbringen, so dass diese Gebiete schnell an Israel fielen. Jordanien spielte fortan keine wichtige Rolle mehr im weiteren Kriegsverlauf. Lediglich um die syrischen Golanhöhen, von welchen aus zuvor immer wieder israelische Siedlungen angegriffen worden waren, lieferten sich die israelischen und syrischen Streitkräfte noch heftige Kämpfe und Ministerpräsident Levi Eschkol fürchtete erst die Eroberung der Höhen. Er ging von enormen Verlusten auf Seiten Israel aus. Unter dem Druck von Generalstabschef Jitzhak Rabin entschied Eschkol sich jedoch dem Angriff zuzustimmen und die Golanhöhen konnten ebenfalls ohne die zuvor noch befürchteten Verluste erobert werden.

Bereits am 8. Juni erreichten die ersten israelischen Panzer aufgrund der schnellen mobilen Kriegsführung Israels den Suezkanal. Innerhalb von gerade einmal drei Tagen hatte Israel die komplette Sinai-Halbinsel militärisch besetzt.[38] Das zu diesem Zeitpunkt von Israel kontrollierte Gebiet entsprach der vierfachen Größe des eigentlichen Staatsgebiets. Aufgrund der schnellen und harten Niederlage der ägyptischen Streitkräfte bot der ägyptische Präsident Nasser am 10. Juni seinen Rücktritt an. Nachdem sich aber gezeigt hatte, dass die Bevölkerungen den Rücktritt Nassers gar nicht wollte und offen gegen den geplante Amtsverzicht protestierte entschied sich Nasser dazu, erst später über diese Möglichkeit zu entscheiden. Bei der Ankündigung handelte es sich also vielmehr um einen Schachzug Nassers, damit dieser die öffentliche Meinung zu seinen Gunsten einsetzen konnte.[39]

---

[37] Steininger, Eine Aktenedition. Bd. 9, S. 227f.
[38] Mahr, S. 354.
[39] Totale Verwirrung in Kairo. Gamal Abdel Nasser bietet seinen Rücktritt an, Die Welt, 10.06.1967.

Nachdem am 10. Juni die Golanhöhen endgültig an Israel gefallen waren, standen die israelischen Streitkräfte kurz davor die jeweiligen arabischen Landeshauptstädte Kairo, Amman und Damaskus zu erobern. Auf Druck der Vereinten Nationen und der US-Regierung kam es aber nicht zu diesem Vorstoß. Bereits am nächsten Tag wurde das letzte Waffenstillstandsabkommen zwischen den Konfliktparteien geschlossen. Die Grenzen von 1967 sollten bis 1973 erhalten bleiben. Zudem war Jerusalem wieder geeint und als oberste heilige Stätte des jüdischen Volkes wieder jedem Juden zugänglich. Die Bedeutung Jerusalems für das jüdische Volk werden sehr gut in Mordechai Gurs Aufzeichnungen zur Eroberung der Stadt beschrieben: „Hier fühle ich mich zu Hause. Das ist das Ziel unserer Sehnsüchte. Der Tempelberg! [...] Der Tempelberg ist unser!".[40] Ähnlich äußerte sich kurz nach der Eroberung Jerusalems auch Verteidigungsminister Moshe Dayan, der offen erklärte, Israel würde Jerusalem nie wieder verlassen.[41]

3.2. Angriff auf die „USS Liberty"

Während der eigentlichen Kampfhandlungen kam es am 8. Juni noch zum Angriff seitens der israelischen Streitkräfte auf das amerikanische Aufklärungsschiff „USS Liberty". Die „Liberty" kreuzte knapp vor der Küste des Sinai, und obwohl das Schiff von den israelischen Streitkräften identifiziert worden war, stellte Israel Washington ein Ultimatum zum Rückzug des Schiffes. Als dieses abgelaufen war, wurde die „Liberty" angegriffen und beinahe versenkt. Bei diesem Angriff starben vierunddreißig amerikanische Marineangehörige. Die anschließend seitens der Amerikaner anlaufende Suchaktion nach dem Verbleib der „Liberty" brachte den „Heißen Draht" zwischen Washington und Moskau zum Glühen. Die von der „USS Saratoga" startenden Maschinen wurden Moskau direkt gemeldet, damit nicht der Eindruck entstehen konnte, dass Amerika auf Seiten Israels in den Konflikt eingegriffen habe. Zuvor hatte Nasser bereits Propaganda verlauten lassen, dass amerikanische Kampfflugzeuge am Angriff auf Ägypten beteiligt wären.[42]

---

[40] Segev, S. 438.
[41] Die militärische Entscheidung ist gefallen: Israelis am Suezkanal und am Roten Meer, Die Welt, 8.06.1967.
[42] Mahr, S. 346.

Aus eben diesem Grund und aus der Angst vor einem möglichen Dritten Weltkrieg führten die USA während des gesamten Sechstagekriegs über zwanzig Gespräche mit der Sowjetunion.

Auch in Washington vertrat man die Auffassung, dass der Angriff auf die „Liberty" kein Unfall gewesen war, sondern von Israel völlig beabsichtig gewesen war. Als Grund nahm man an, dass das Schiff mit seiner Ausrüstung in der Lage war, sowohl die ägyptischen als auch die israelischen Funksprüche abzuhören und diese aufzunehmen. Da Israel dies allerdings unter keinen Umständen hinnehmen wollte, so glaubte man in Washington, hätte man sich für den Angriff entschieden.[43]

Letztlich wurde der Angriff auf die „Liberty" in der amerikanischen Politik als tragische Episode abgehakt um die Beziehungen zu Israel nicht zu gefährden. Für Israel war es jedoch von entscheidender Bedeutung, dass nun kein amerikanisches Spionageschiff mehr vor der Küste kreuzte und man ungehindert mit den eigenen Militäraktionen bis zum Ende des Krieges am 10. Juni vorfahren konnte, ohne dass die Welt davon etwas mitbekam.[44]

3.3. Folgen

Ein dauerhafter Frieden im Nahen Osten sollte jedoch nicht möglich sein, wie bereits die Konferenz von Khartum im August 1967 zeigte. Bei der Zusammenkunft der arabischen Staaten sprach man sich ganz klar gegen die Anerkennung Israels aus. Auch die UN Resolution 242 vom 22. November 1967, welche einen dauerhaften Frieden im Nahen Osten forderte, sowie den Rückzug Israels aus Gebieten, die während des jüngsten Konflikts besetzt wurden, blieb ohne Bedeutung.[45] Dabei blieb die Resolution sogar offen in Bezug auf den Status der Gebiete, welche 1948 erobert worden waren.

---

[43] Wurde die „Liberty" absichtlich angegriffen?, Die Welt, 13.06.1967.
[44] USS Liberty Memorial: Summary of Events. Background
http://gtr5.com/summary_of_events.htm [23.01.2012].
[45] Resolution 242 des Sicherheitsrats vom 22. November 1967
http://daccess-dds-ny.un.org/doc/RESOLUTION/GEN/NR0/240/94/IMG/NR024094.pdf?OpenElement [24.01.2012].

Vielmehr zeigte die israelische Regierung offen, wie die weitere Politik der nächsten Jahre bis zum für Israel überraschenden Ausbruch des Yom-Kippur-Krieg aussehen sollte. Man war gar nicht gewillt, die eroberten Gebiete an die arabischen Staaten zurückzugeben, sondern wollte diese vielmehr zum Schutz des eigenen Staatsterritoriums behalten.[46]

Allerdings war es Israel gelungen die USA auf die eigene Seite zu ziehen, welche während des gesamten Kriegs, auch nach dem Angriff auf die Liberty, auf israelischer Seite gestanden hatten. Die USA waren endgültig von einer neutralen Rolle im Nahen Osten abgewichen und hatten eindeutig Position bezogen.[47]

Die israelische Politik war nach dem Ende der Kampfhandlungen nicht direkt offen ersichtlich. Allerdings zeigte sich relativ schnell, dass man keine Waffenstillstandsabkommen wie die von 1948/1949 mehr akzeptieren würde, und dass es ausschließlich nur noch Direktverhandlungen zwischen den Konfliktparteien geben würde. Gerade die Vereinten Nationen hatten endgültig ihr Ansehen bei der israelischen Regierung eingebüßt, und man war höchstens noch bereit, Dritte als Vermittler zu dulden. Bei den Verhandlungen wollte man sich viel mehr auf die Kenntnisse des Militärs verlassen.[48]

Für die westliche Welt stellte der Ausgang des Krieges keine Überraschung dar, lediglich das militärische Vorgehen wurde interessiert analysiert, und es stellte sich gerade für die Vereinigten Staaten die Frage, ob man dieses Vorgehen auch in Vietnam anwenden könnte.[49] Man erkannte außerdem die extreme Signalwirkung für die arabischen Staaten, die davon ausging, dass Israel sich diesmal einzig und allein auf die eigenen Streitkräfte gestützt hatte. Allerdings glaubte man, dass es mit dem Ende des Kriegs im Nahen Osten zu einer Umgruppierung innerhalb der arabischen Führungsschicht kommen würde. Diese Annahme wurde geschickt durch Nassers Propaganda unterstützt. Außerdem glaubte man, dass Israel sich durch seinen Sieg über die arabischen Staaten die nötige militärische Sicherheit für die nächste Zeit

---

[46] Tel Aviv bereitet sich auf harte politische Verhandlungen vor. Eschkol will Garantie für die Sicherheit Israels, Die Welt, 12.06.1967.
[47] Frey, Marc: Lyndon B. Johnson (1963 – 1969): Great Society und Vietnam – Trauma. In: Christof Mauch u.a. (Hrsg): Die amerikanischen Präsidenten. 44 historische Portraits von George Washington bis Barack Obama. München 2009, 361-371, hier: S. 367.
[48] Steininger, Eine Aktenedition. Bd. 9, S. 215.
[49] „Israel-Strategie" im Vietnam-Krieg?, Die Welt, 13.06.1967.

verschafft habe, allerdings die Frage nach der Existenz nicht gelöst habe.[50] Diese Annahme der westlichen Staaten sollte dich allerdings recht schnell als Trugschluss erweisen.

Während sich zwar die Vereinigten Staaten aus ihrer Neutralität gelöst hatten und von nun an auf der Seite Israels standen, hatte dieser Konflikt auch einen Nachgeschmack für Israel. Durch das französische Waffenembargo und die Tatsache, dass die eigene Luftwaffe durch den Krieg erhöhte Abnutzungserscheinungen erlitten hatte, musste man sich seitens Israel Nachschub verschaffen, da man sich der Tatsache bewusst war, dass die eigene Wehrhaftigkeit von der Schlagkraft der Luftwaffe abhing. Aus eben diesem Grund geriet Israel in der Folge in eine rüstungspolitische Abhängigkeit gegenüber den Vereinigten Staaten, die bis zum Sechstagekrieg dadurch umgangen wurde, dass man das nötige Militärgerät von unterschiedlichen Staaten bezog.[51]

Mit dem Ende des Kriegs zeigten sich aber nicht alle in Israel dankbar für die amerikanische Unterstützung. Es wurden auch kritische Stimmen laut, die sich vor allem gegen Außenminister Dean Rusk und dessen Interpretation des Nahostkonflikts stellten. So wurde Rusk vorgeworfen, dass er den Konflikt nur als akademisches Lehrproblem ansehen würde, ohne eine wirkliche Ahnung von den Kriegskonsequenzen für die israelische Bevölkerung zu haben. Von politischen Entscheidungen wie man Sie in Washington anscheinend bevorzugte, hielt man in Jerusalem nicht mehr viel und verwies daher darauf, dass ein wirklicher Friede nur durch Taten und nicht durch Gerede erreicht würde.[52]

---

[50] Steininger, Eine Aktenedition. Bd. 9, S. 216ff.
[51] Ebd., S. 264ff.
[52] Letter to Dean Rusk, Jerusalem Post, 11.06.1967.

4. Vom Sechstagekrieg zur Atommacht

Knapp 25 Meilen von der jordanischen Grenze entfernt, mitten in der Wüste Negev, liegt das bis heute am besten geschützte Geheimnis Israels, der nukleare Forschungsreaktor von Dimona. Bereits in den späten 50er Jahren entstand dort mit französischer Hilfe der erste Reaktor. Kurz darauf, Anfang der 60er Jahre, fiel unter der Staatsführung von Ben Gurion die Entscheidung, den Komplex zur Entwicklung von Nuklearwaffen zu nutzen.[53]

Die Idee, dass Israel ein eigenes Atomprogramm starten könnte bzw. dieses sogar müsse, ist dabei so alt wie der Staat Israel selbst. Für Ben Gurion stellte die nukleare Bewaffnung Israels die Lösung sämtlicher Sicherheitsprobleme da.[54]

Die Arbeiten zur Errichtung des ersten Reaktors begannen um 1958 mit französischer Hilfe. Dabei wurde zuerst ein Forschungsreaktor für schweres Wasser errichtet. Von Beginn an war das gesamte Projekt jedoch streng geheim, und es war internationalen Inspekteuren nicht gestattet, die Anlage zu besichtigen. Erstmalig in den Fokus der amerikanischen Aufmerksamkeit gelangte Dimona als U-2 Spionageflugzeuge die Anlage 1958 überflogen, jedoch wurde der Komplex erst zwei Jahre später als nukleare Forschungsstätte identifiziert. Bereits Mitte der 60 Jahre hatte Israel durch die französische Hilfe den kompletten Ablauf für die Anreicherung erlangt und in Dimona konnte im Jahr genug Plutonium für fünf bis zehn nukleare Sprengköpfe hergestellt werden. 1986 veröffentlichte der Techniker Mordechai Vanunu Bilder aus der Forschungsanlage, welche nahe legen, dass Israel zu diesem Zeitpunkt sogar schon über 100 bis 200 Sprengköpfe verfügte.[55] Nachdem die amerikanischen Spionageflugzeuge Dimona entdeckt hatten, wurde 1961 von der israelischen Regierung die Existenz der Anlage bestätigt, allerdings wurde auf den reinen zivilen Zweck verwiesen. Doch bereits 1962/ 1963 diskutierten Ben Gurion, Moshe Dayan und Shimon Peres über die Möglichkeit und den Nutzen eines militärischen Nuklearprogramms. Beeinflusst wurde die Entscheidung für ein Waffenprogramm von den Erfahrungen aus dem Sinai Krieg 1956, bei dem die Sowjetunion

---

[53] von Dehn, Rüdiger: Jahre der Entscheidung: Die amerikanische Israel-Politik 1967 und 1973. Hamburg 2010, S.113.
[54] Cohen, Avner: Israel and the Bomb. New York 1998, S.9.
[55] Zum besseren Verständnis der Entstehung des Negev Nuclear Research Center:
http://www.globalsecurity.org/wmd/world/israel/dimona.htm [15.02.2012].

Israels Alliierten England und Frankreich mit dem Einsatz von Nuklearwaffen gedroht hatte, im Falle eines nicht Rückzugs vom Suezkanal. Ein weiterer Faktor war der von Nasser propagierte Panarabismus und die israelische Furcht vor einer arabischen Übermacht. All diese Faktoren führten schließlich zur Entscheidung ein militärisches Nuklearprogramm zur Sicherung des Staates Israel zu schaffen.[56]

Die dadurch erhoffte zusätzliche Sicherheit sollte jedoch nicht erreicht werden und die bereits im Kapitel Sechstagekrieg erwähnte Befürchtung Israels, Dimona könnte von Ägypten zerstört werden, war gar nicht so abwegig, wie die Erkenntnis des Historikers Valery Yaremenko zeigt: *„Nasser and ... Amer reached, in absolute secrecy, a decision to destroy the Israeli reactor. ... Intensive training flights were started, with live bombing of a 'full-scale Dimona model' in the Egyptian desert."* Da 1967 die ägyptische Armee durch eine Vielzahl sowjetischer Militärberater unterstützt wurde, kann man davon ausgehen, dass Moskau von den Plänen Nassers was die geplante Zerstörung Dimonas anging, informiert war. Zudem gelang es Israel während des Sechstagekriegs ägyptische Karten zu erobern, die einen Angriffsplan gegen Dimona bestätigten.[57]

4.1. Von den Rüstungsverhandlungen 1968/69 zum politischen Umbruch der israelisch -amerikanischen Beziehungen

Nachdem Sechstagekrieg versuchte die amerikanische Regierung immer wieder sich Zutritt zu Dimona zu verschaffen bzw. die israelische Regierung dazu zu bewegen, internationale Inspekteure nach Dimona zu lassen. Eine dieser Besichtigungen fand schließlich noch 1967 statt, bei der es den amerikanischen Inspekteuren jedoch nicht gelang genaue Beweise für ein israelisches Atomprogramm zu finden. Genauso wenig konnte jedoch ausgeschlossen werden, dass nicht irgendwo anders in Israel Atomwaffen produziert würden. Israel bezog sich eher auf die Position, dass Israel nicht das erste Land im Nahen Osten sein würde, welches Atomwaffen erlangen würde. Das weitere Ziel der US-Regierung war es daher, Israel aufzuzeigen, dass es den arabischen Staaten in naher Zukunft nicht möglich sein würde, Israels militäri-

---

[56] Maoz, Zeev. Defending the Holy Land: a critical analysis of Israel's security and foreign policy. Ann Arbor 2009, S.301ff.
[57] Ginor, Isabella/ Remez, Gideon: Foxbats over Dimona. The Soviets Nuclear Gamble in the Six-Day-War. New Haven 2007, S.123f.

sche Macht im konventionellen Bereich zu brechen und daher ein Nuklearprogramm nicht nötig sei.[58] Außerdem versuchte man seitens der amerikanischen Regierung, Israel zu einer Unterzeichnung des Vertrags zur Nichtverbreitung von Atomwaffen (NPT) zu bewegen, um eine klares Signal im Nahen Osten zu setzen.[59] Die israelische Regierung antwortete jedoch in einem Schreiben vom 30. Juni 1968 mit der Bemerkung: *„Unfortunately peace is not yet in sight. Our neighbours remain obdurate in their hostility and in their desire to destroy us. [...] As long as this situation remains unchanged, we cannot regard ourselves as in the same category as other States…".* Damit erteilte die israelische Regierung eine klare Absage an eine mögliche Unterzeichnung des NPT Vertrags.[60] Durch die Nichtunterzeichnung war es Amerika zudem nicht möglich die nuklearen Forschungsstätten in Israel zu besichtigen und Erkenntnis über mögliche Waffen sowie die nötigen Trägersysteme zu erlangen, was durch eine Unterzeichnung des Vertrags möglich gewesen wäre.

Da eine Unterzeichnung des NPT Vertrags für Israel nicht in Frage kam und es der amerikanischen Regierung somit nicht möglich war die Kontrolle über eine nukleare Aufrüstung im Nahen Osten auf diesem Weg zu erreichen, entschied man sich in Washington dazu weitere Erkenntnisse über das israelische Atomprogramm dadurch zu erlangen, indem man die Atomwaffenfrage mit der nächsten Waffenlieferung an Israel verband. Diese sah eine Aufrüstung der israelischen Luftwaffe mit F-4 Phantom Flugzeugen vor, welche, so die Befürchtung der amerikanischen Regierung, als zusätzliches Trägersystem für Nuklearwaffen genutzt werden konnten. So wurde Israel darauf hingewiesen, dass der Phantom Deal einen bedeutenden Bruch in der amerikanischen Politik im Nahen Osten bedeutete und man sich durch die Lieferung der Kampfflugzeuge ganz klar als Hauptunterstützer Israels positioniere. Der US-Regierung war dabei durchaus bewusst, dass der Waffendeal die letzte und zugleich beste Möglichkeit war, Erkenntnisse über das Voranschreiten der israelischen

---

[58] Israel: The Nuclear Issue and Sophisticated Weapons. Position Paper http://www.gwu.edu/~nsarchiv/NSAEBB/NSAEBB189/IN-01.pdf [16.02.2012].
[59] Zum besseren Verständnis des Inhalts des Nichtverbreitungsvertrags, im weiteren Verlauf nur noch NPT Vertrag genannt: http://www.iaea.org/publications/Documents/infcircs/infcirc140.pdf [14.02.2012].
[60] Schreiben des Außenministeriums ans amerikanische Department of State betreffend der NPT Vertrags http://www.gwu.edu/~nsarchiv/nukevault/ebb253/doc25b.pdf [16.02.2012].

Atombemühungen zu erlangen, da in Folge des Sechstagekriegs die israelische Luftwaffe zur Sicherung der Überlegenheit dringend neue Maschinen benötigte.[61]

Bei den anschließenden Verhandlungen über den Verkauf von 50 F-4 Phantom Flugzeugen im November 1968 machte der damalige Verteidigungsminister Paul Warnke dem israelischen Botschafter Yitzhak Rabin klar, dass die Vereinigten Staaten die Befürchtung hätten, dass Israel die Flugzeuge als strategisches Trägersystem nutzen könnte und man sich das Recht vorbehalten würde den Vertrag nicht zu unterschreiben: „As you know, there is a provision in our sales contract that permits cancellation of the contract by the United States for unusual and compelling circumstances. To me, if Israel goes ahead with its missile and nuclear programs this would involve that paragraph,[...]".[62] Die israelische Delegation unter Rabin ließ sich von ihrer Position nicht abbringen und versicherte vielmehr nochmals das keine amerikanische Hardware als nukleare Waffenplattform genutzt würde und machte zudem nochmals deutlich das Besuche in Dimona nur Besuche und nicht als Inspektion stattfinden dürften: „We were very careful not to use the word "inspect" with respect to Dimona. We see in the two words quite a difference. The word "visit" means you are a guest in our country – not an inspector."[63] Jedoch scheiterte der Versuch auf diesem Weg Druck auf Israel auszuüben und Israel machte vielmehr klar, dass eine Einmischung in die Frage der nuklearen Aufrüstung nicht geduldet würde. Dabei erwies sich Yitzhak Rabin nicht als Diplomat, sondern vielmehr als General, der keine Debatte zuließ. Bereits Ende November 1968 schrieb das Verteidigungsministerium an Rabin, dass der Waffendeal doch wie zuvor versichert abliefe und man sich auf die Versicherung Israels verlassen würde, dass Israel nicht als erstes Land Nuklearwaffen im Nahen Osten einführe, und dass keine Flugzeuge als nukleare Waffenplattformen genutzt würden.[64]

Die anschließende Auslieferung ging Botschafter Rabin im Juli 1969 nicht schnell genug, nachdem dieser in Erfahrung gebracht hatte, dass die Produktion der Flugzeuge einen Monat vor dem Zeitplan war und man sich nun seitens Israels schon eine Lieferung im August statt wie geplant im September erhoffte. Zudem versuchte

---

[61] Department of State. Issues to be Considered in Connection with Negotiations with Israel for F-4 Phantom Aircraft. http://www.gwu.edu/~nsarchiv/NSAEBB/NSAEBB189/IN-02.pdf [16.02.2012].
[62] Memorandum of Conversation. Negotiations with Israel – F-4 and Advanced Weapons http://www.gwu.edu/~nsarchiv/NSAEBB/NSAEBB189/IN-03b.pdf [16.02.2012].
[63] Ebd.
[64] Schreiben des Stellvertretenden Verteidigungsministers an den israelischen Botschafter Rabin http://www.gwu.edu/~nsarchiv/NSAEBB/NSAEBB189/IN-03d.pdf [16.02.2012].

Rabin die Lieferung dadurch zu forcieren, indem er angab, dass die arabischen Luftstreitkräfte, denen Israels aktuell fünf zu eins überlegen seien und dies sogar die drei zu eins Überlegenheit von vor dem Sechstagekrieg übersteigen würde. Auf amerikanischer Seite entschied man sich jedoch, bei der zuvor vertraglich vereinbarten Lieferung im September zu bleiben.[65]

Zwei Jahre später machte Botschafter Rabin vor einem Besuch der israelischen Ministerpräsidentin Golda Meir nochmals in einem Gespräch mit dem damaligen amerikanischen Außenminister Henry Kissinger die Haltung Israels deutlich. Israel zeigte sich nun noch selbstbewusster und machte von vornherein klar, dass es seitens Israels keine Überlegungen zur Unterzeichnung des NPT Vertrags gäbe und es zudem klar sein sollte, dass es auch keine Verknüpfung zwischen amerikanischen Waffenlieferungen und einer Unterzeichnung geben würde. Der amerikanische Versuch Zugang zu Dimona zu bekommen und somit eine nukleare Aufrüstung im Nahen Osten zu verhindern war somit endgültig gescheitert und man ging in Washington zu einer Politik der Duldung über.[66] Auf Seiten Israel hingegen hält man sich seitdem weiterhin an die Devise der nuklearen Zweideutigkeit, bei der man weder zugibt Nuklearwaffen zu besitzen noch dies abstreitet.[67]

---

[65] Department of State an die israelische Botschaft
http://www.gwu.edu/~nsarchiv/NSAEBB/NSAEBB189/IN-14.pdf [16.02.2012].
[66] Memorandum of Conversation. Kissinger's Office.
http://www.gwu.edu/~nsarchiv/NSAEBB/NSAEBB189/IN-28.pdf [16.02.2012].
[67] Maoz, S.301.

5. Der Abnutzungskrieg

Die Zeit nach dem Sechstagekrieg wurde für Israel und Ägypten zur Zeit vor dem nächsten Krieg. Dabei bemühte sich Ägypten sein stark geschwächtes Militär durch sowjetische Hilfe wieder aufzurüsten, gerade im Bereich der Luftwaffe, welche durch den Überraschungsangriff Israels am ersten Tag des Sechstagekriegs nahezu komplett ausgeschaltet worden war.[68] Für die Sowjetunion war nach dem Ende des Konflikts im Nahen Osten wieder der politische Alltag eingekehrt, und man zeigte durch aus offenes Interesse daran, die arabischen Partner schnell wieder aufzurüsten.[69] Für die Aufrüstung brauchte die Sowjetunion nur knapp eineinhalb Jahre um das Waffenarsenal der arabischen Partner, allen voran Ägyptens, wieder aufzufüllen.[70]

Die Bemerkung von Moshe Dayan, dass eine Besetzung des Sinai und eine Blockade des Suezkanals zu einem weiteren Konflikt mit Ägypten führen sollte, erwies sich als bald als richtig. Schon zwei Wochen nachdem Ende des Sechstagekriegs wandte Nasser sich an Moskau und stellte fest, dass, sollte Israel die besetzten Gebiete nicht freiwillig räumen, Ägypten sich dazu gezwungen sehen würde, wieder zu den Waffen zu greifen. Durch die anschließenden Waffenlieferungen sah sich Ägypten auch noch 1967 dazu in der Lage Israel auf dem Sinai erneut in einen Kampf zu verwickeln.[71]

Die ersten Schüsse wurden bereits am 1. Juli 1967 abgefeuert, und obwohl der Krieg nicht so spektakulär verlief wie der zuvor beendete, war er für die beteiligten Parteien auch den Supermächten von entscheidender Bedeutung. Der Konflikt wurde fast ausschließlich auf dem Sinai und im Bereich des Suezkanals ausgetragen. Dabei konnten die Supermächte ihr jeweiliges militärisches Equipment testen. So wurden die Flugabwehreinrichtungen der Sowjetunion zur Probe für die israelische Luftwaffe, während sich die ägyptischen Streitkräfte darin erproben konnten, die israelischen Kriegstechniken der schnellen und mobilen Kriegsführung zunichte zu machen. Zu einem zweiten großen Feuergefecht kam es dann noch im September 1967 in Folge

---

[68] Vieweger, S.183.
[69] von Dehn, S.109.
[70] Steininger, Der Nahostkonflikt, S. 47.
[71] Bregman, Ahron: Israel's Wars. A history since 1947. New York ³2010, S.93f.

der Konferenz von Khartum. Das Gefecht sollte Nassers Ambitionen unterstreichen, dass es zu keinen Verhandlungen mit Israel kommen würde und man bis aufs Äußerste dazu bereit war, Israel von der Landkarte zu fegen.[72]

Obwohl der Krieg bereits 1967 ausbrach, wird auf offiziell von einem Kriegsausbruch 1969 gesprochen, der sich schnell zu einem reinen Stellungs- und Zermürbungskrieg entwickelte. Die während 1967 bis 1969 immer wieder stattfindenden Artilleriegefechte gingen schnell in einen Luftkrieg über, bei dem Israel seine taktischen Vorteile einbüßte und sich darauf verließ den Krieg auf dem Territorium des Feinds zu führen, damit sich die Taktik der Zermürbung für Ägypten als zweischneidiges Schwert erweisen würde und die Verluste schließlich zu groß würden.[73]

Im Oktober 1967 kam es noch zu einem Ereignis, welches schließlich internationales Aufsehen erregte und sich als wegbereitend für den Yom-Kippur-Krieg 1973 zeigte. Am 21. Oktober kam es zu einem Seegefecht zwischen israelischen und ägyptischen Kriegsschiffen, bei dem das israelische Flagschiff, der Zerstörer Eilat von ägyptischen Raketen versenkt wurde. Es war das erste Mal in der Geschichte der modernen Kriegsführung, dass ein Schiff von einer Rakete vernichtet wurde. Die Versenkung der Eilat zeigte erstmals die Bedeutung von Raketen im Kontext des Nahostkonflikts auf und zeigte den arabischen Staaten einen Schwachpunkt in der israelischen Verteidigung, welcher bis heute von Terrororganisation wie Hamas und Hizbollah ausgenutzt wird.[74]

Nachdem sich der Konflikt zunehmend festgefahren hatte und die israelischen Verluste an Kriegsmaterial und Menschenleben auch immer mehr zunahmen, entschied man sich dazu, eine Verteidigungsanlage am Suezkanal zu errichten, die es den ägyptischen Streitkräften unmöglich machen sollte auf den Sinai vorzurücken und zudem zeitgleich die eigenen Verluste minimieren sollte. Zu diesem Zweck wurde am gesamten Suezkanal entlang ein System aus Bunkern und Verteidigungswällen errichtet, welches als Bar Lev Verteidigungslinie bekannt wurde. Konstruiert

---

[72] Herzog, Chaim: The Arab-Israeli Wars. War and Peace in the Middle East from the 1948 War of Independence to the Present. New York ³2010, S.195f.
[73] Lozowick, Yaacov: Israels Existenzkampf. Eine moralische Verteidigung seiner Kriege. Bonn 2006, S.179.
[74] Herzog, S.198.

war die Linie als vorderste Front einer über den gesamten Sinai gestaffelten Verteidigung, welche zudem Israels Haltung klar zeigte, dass man nicht gewillt war den Sinai an Ägypten zurückzugeben.[75]

Nachdem sich der Krieg auf beiden Seiten festgefahren hatte, kam man schließlich 1970 auch auf israelischer Seite zu der Erkenntnis, dass sich die ägyptische Kriegsführung durch die sowjetische Ausbildung und Ausrüstung grundlegend geändert hatte. Zudem fürchtete man, dass nun verstärkt sowjetische Piloten in den Reihen der ägyptischen Armee eingesetzt würden und es somit zu einer Internationalisierung des Konflikts kommen könnte.[76]

Die Sorge um eine Einbeziehung der Sowjetunion wurde in Washington geteilt, sodass man sich im Juli 1970 dazu gezwungen sah, eine neue politische Initiative zu ergreifen, um endlich einen Friedensschluss zwischen Ägypten und Israel zu erreichen. Auf israelischer Seite gab es jedoch die Befürchtung, dass es statt zu einem Friedensschluss nur zu einer zeitlich begrenzten Waffenruhe kommen würde, die es den ägyptischen Streitkräften ermöglichen würde neue Kräfte zu sammeln. Um trotzdem Israel dazu zu bringen, eine solche Initiative mit zu tragen, entschied man sich in Washington dazu, Israel weitere F-4 Phantom Flugzeuge zur Verfügung zu stellen, zusätzlich zu den fünfzig Stück, die bereits 1969 ausgeliefert worden waren.[77]

Für alle Beteiligten trat dann auch relativ überraschend im August 1970 die zuvor vorbereitete Waffenruhe zwischen Ägypten und Israel ein und sämtliche Kampfhandlungen entlang des Suezkanals wurden eingestellt. Durch das rasche Handeln der Nixon Regierung gelang es Washington, der Welt zu zeigen, dass nicht die UNO den Konflikt gelöst hatte, sondern die Vereinigten Staaten. Washington gelang es dadurch, seinen Einfluss und seine politische Rolle in der Region weiter zu festigen und auszubauen. Mit Blick auf das rasche Einlenken Ägyptens kam man international zu der Erkenntnis, dass der Konflikt die ägyptischen Streitkräfte so stark geschwächt hatte, dass man sich einen noch länger andauernden Konflikt nicht hätte leisten

---

[75] Bregman, S.97.
[76] Steininger, Rolf: Eine Aktenedition. Berichte aus Israel. 1970 – 1972 Botschafter Dr. Arthur Agstner. Bd. 11. München 2004, S.87f.
[77] Ebd., S.116ff.

können. So kam die britische Regierung zu dem Ergebnis, dass man während der letzten Konfliktwoche von 100 Toten Ägyptern pro Tag ausgehen müsste.[78]

Mit der Unterzeichnung der amerikanischen Initiative endete schließlich der Abnutzungskrieg, welcher sowohl Ägypten als auch Israel zunehmend zermürbt hatte, ohne das eine der beiden Seiten einen Vorteil hatte erreichen können.

---

[78] Ebd., S.132f.

6. Israel und die PLO

Der Konflikt zwischen Israelis und Palästinensern ist älter als der Staat Israel, jedoch sind hauptsächlich die Ereignisse vom Anfang des 20. Jahrhunderts für den heutigen Konflikt wichtig. Dabei stand in den früher 1930er Jahren für die Palästinenser noch nicht der Kampf für einen eigenen Staat im Vordergrund, sondern die Verhinderung eines jüdischen Staats in Palästina auf Basis der im ersten Kapitel erwähnten Balfour Deklaration. Das Streben nach einem eigenen Staat gewann erst in den folgenden Jahrzehnten zunehmend an Bedeutung.[79]

Eine politische Vereinigung der Palästinenser mit dem Ziel, einen eigenen Staat zu erlangen, wurde schließlich 1964 erreicht. Die unterschiedlichen Gruppierungen schlossen sich in Kairo unter Einfluss von Ägyptens Präsident Nasser zur „Palestine Liberation Organisation" (im weiteren nur noch PLO genannt) zusammen. Ziel der PLO war die Befreiung Palästinas von den Juden und die Errichtung eines eigenen Staates innerhalb des alten britischen Mandatsgebiets. Dabei blieb die PLO bis 1967 unter der direkten Kontrolle des ägyptischen Staatspräsidenten. Erst die demütigende Niederlage im Sechstagekrieg ermöglichte es den Palästinensern, ihre Interessen selber wahrzunehmen.[80] Da die PLO der Auffassung war, dass die arabischen Staaten zu schwach für eine Konfrontation mit Israel waren, wurden in der Folge immer wieder Guerilla-Aktionen gegen Israel gestartet. Da in Jordanien eine große Anzahl an palästinensischen Flüchtlingen lebte und die große Grenze zudem einen taktischen Vorteil bot, fand eine Vielzahl der Aktionen von Jordanien aus statt. Dabei stand der jordanische König Hussein zwischen den Fronten. Von Israel wurde er aufgefordert mehr gegen die Angriffe zu tun und mit jeder weiteren Aktion antwortete Israel mit weiteren Repressalien, auf der anderen Seite entzog sich die PLO seiner Kontrolle. Schließlich führte dieser Konflikt dazu, dass Husseins Autorität zwischen 1967 und September 1970 in Frage gestellt wurde.[81]

Das weitere Vorgehen der PLO gegen Israel wurde schließlich in einer Charter im Juli 1968 festgelegt. Dabei war von entscheidender Bedeutung, dass die PLO Palästina als Heimatstätte der arabischen Bevölkerung ansahen und als unteilbare

---

[79] Schäuble, Martin/ Flug, Noah: Die Geschichte der Israelis und Palästinenser. München ²2010, S.23.
[80] Rotter, Gernot/ Fathi, Schirni: Nahostlexikon. Der israelisch-palästinensische Konflikt von A-Z. Heidelberg 2001, S.262f.
[81] Ashton, Nigel: King Hussein of Jordan. A political Life. New Haven 2008, S.137.

territoriale Einheit. Die gesamte Balfour Deklaration und alle daraus resultierenden Entscheidungen wurden von der PLO zudem für null und nichtig erklärt.[82]
Zwischenzeitlich war es Yassir Arafat, der 1959 in Kuwait die Fatah gegründet hatte, gelungen die Kontrolle über die PLO zu erlangen. Dabei war sein Leitsatz: „Die Einigung Arabiens ist nur möglich durch die Befreiung Palästinas.".[83] Einen vorläufigen Höhepunkt sollte der Konflikt zwischen Israel, Jordanien und der PLO/Fatah erleben, nachdem die Fatah im Frühjahr 1968 einen Schulbus in der Negev Wüste sprengte. Israel entschied sich daraufhin, einen groß angelegten Angriff auf das palästinensische Flüchtlingscamp Karameh zu starten, dass zudem Hauptquartier von Arafats Fatah war. Die jordanische Armee unterstützte dabei die Fatah Kämpfer und es gelang eine kleine Anzahl israelischer Panzer zu zerstören. Nachdem Israel sich aus Jordanien zurückzog, wurden die Widerstandskämpfer zu Helden in Jordanien und Arafat zum unangefochtenen Anführer der PLO. Karameh war zum Symbol des Widerstands gegen Israel geworden und hatte zudem gezeigt, dass die israelischen Streitkräfte nicht unverwundbar waren.[84]
Durch diesen Sieg wurde die PLO unter Arafat jedoch zur Gefahr für den jordanischen Staat, da diese sich zunehmend zu einem Staat im Staate entwickelte. In der Folge kam es zu einer immer stärkeren Konfrontation zwischen Jordanien und der PLO. Für viele Palästinenser war Hussein in zwischen nicht viel mehr als eine westlich orientierte Marionette, der sich um die Rechte der Palästinenser nicht kümmerte. Unter dem zeitgleich stattfindenden Abnutzungskrieg entschied man sich daher auf Seiten der PLO dazu offen gegen Hussein vorzugehen und seine Autorität anzuzweifeln. Als Folge kam es in Jordanien zum „Schwarzen September". Hussein ging gegen die PLO militärisch vor und konnte diese schließlich bis Ende September aus Jordanien vertreiben.[85]

Die PLO war durch die Ereignisse in Jordanien in der Folge dazu gezwungen ihre Taktik zu ändern und entschied sich dazu den Kampf außerhalb des Nahen Ostens zu führen. Internationales Aufsehen erregte dabei die Geiselnahme von München 1972, bei der ein Teil der israelischen Olympiamannschaft ermordet wurde.[86] Israel

---

[82] Lesch, David W.: The Arab-Israeli conflict. A history. Oxford 2008, S.224f.
[83] Vieweger, S.172.
[84] Ashton, S.138f.
[85] Lesch, S.235f.
[86] Vieweger, S.185.

entschied sich in der Folge dieses Ereignisses dazu, dass der Kampf gegen den Terror wichtiger war, als ein möglicher Frieden mit Ägypten und Jordanien. Die zuvor in die Wege geleiteten Friedensvorschläge wurden daher verworfen und man nutzte den Terroranschlag der PLO dazu, jegliche Friedensinitiative aus Europa abzulehnen.[87]

Besondere Bedeutung bei Israels Kampf gegen den Terror, der noch bis heute andauert und somit die Geschichte des Nahostkonflikts noch immer mitgestaltet, kommt dem Mossad zu. In Folge des Anschlags von München entschied man sich dazu, sämtliche Hintermänner des Anschlags zu töten, was auch gelang. Einzig der Lillehammer Mord 1973 sollte einen Rückschlag darstellen, da der Mossad statt Ali Salameh einen unschuldigen Marokkaner tötete. Salameh wurde später jedoch in Beirut durch eine Autobombe getötet. Bis heute hat sich dabei die Rolle des Mossad als Speerspitze im israelischen Terrorkampf nicht verändert.[88]

Erst 1974 in Folge des Yom-Kippur-Kriegs änderte, die PLO ihre Strategie und entschied sich, ihr Ziel einen Palästinenserstaat zu gründen Schritt für Schritt umzusetzen und dies nicht nur durch einen bewaffneten Kampf zu verwirklichen. Schließlich wurde der PLO am 29.10.1974 in Marokko von allen arabischen Staaten der alleinige Vertretungsanspruch der palästinensischen Interessen zugesprochen. Im Anschluss daran strebte sie auch internationale Anerkennung an. Durch die Unterstützung der arabischen Liga sowie der blockfreien Staaten gelang es Arafat am 13. November 1974 seine legendäre Rede vor der Vollversammlung der Vereinten Nationen zu halten und es somit zu schaffen, dass die PLO auch international anerkannt wurde. Aus einem Terrorakteur war somit ein potenzieller Verhandlungspartner für Israel geworden.[89]

---

[87] Steininger, Rolf: Israel und der Nahostkonflikt 1972 – 1976. München 2006, S.53ff.
[88] Auf der Jagd nach den Terroristen, Frankfurter Allgemeine Zeitung, 6.02.2012.
[89] Vieweger, S. 189f.

7. Yom-Kippur-Krieg

Am 6. Oktober 1973 begann der vierte arabisch-israelische Krieg zwischen Israel auf der einen und Ägypten und Syrien auf der anderen Seite. Der Krieg begann für Israel völlig überraschend, da es sich in diesem Jahr beim 6. Oktober um den höchsten jüdischen Feiertag Yom-Kippur handelte. Zeitgleich begannen die Araber den Fastenmonat Ramadan. Zudem hatte Ägypten kurz zuvor sämtliche sowjetischen Militärberater aus dem Land ausgewiesen. Und auch an der allgegenwärtigen Kriegsrhetorik seitens Ägyptens hatte sich nichts geändert.[90] Ägypten und Syrien wurden bei diesem erneuten Waffengang von weiteren arabischen Staaten, wie Saudi-Arabien und Kuwait finanziell unterstützt, um das benötigte moderne Kriegsgerät zu erwerben.

Eine entschiedene Rolle für den Ausbruch des Kriegs spielte dabei die Tatsache, dass Israel seit 1967 immer mehr von seiner eigentlichen Position abwich, dass es bereit wäre die besetzten Gebiete im Gegenzug für eine Anerkennung durch die arabischen Staaten zu räumen. Vielmehr zeigte sich in Israel immer stärker das politische Bestreben, einen Teil der eroberten Gebiete zu behalten und diese dem Staatsterritorium einzufügen. Für die arabischen Staaten ergab sich dadurch die Problematik, dass, je länger dieser Zustand dauerte, dieser umso zementierter wurde. Der Rest der Welt ebenso wie Israel wurde daher völlig vom Ausbruch des Kriegs überrascht, da man schon lange nicht mehr viel auf die andauernde Kriegsrhetorik aus den arabischen Staat gab und sich von der scheinbaren Waffenruhe hatte täuschen lassen.[91]

7.1. Verlauf des Krieges

Bis zum Ausbruch des Krieges glaubten weder der israelische Geheimdienst noch die CIA daran, dass es zu einem erneuten Waffengang im Nahen Osten kommen würde. Selbst die Tatsache, dass die Sowjetunion kurz vor dem Beginn der Kampfhandlungen ihre Botschafter aus Kairo und Damaskus ausflog, wurde nicht als Signal

---

[90] Werner, Oliver: Das Krisenmanagement der Supermächte im Jom-Kippur-Krieg 1973. In: Bernd Greiner u.a. (Hrsg.): Krisen im Kalten Krieg. Studien zum Kalten Krieg Bd. 2. Hamburg 2008, S. 446-476, hier: S. 449.
[91] Wenn sich der Nahost-Sprengstoff entlädt, Frankfurter Allgemeine Zeitung, 8.10.1973.

gewertet, dass ein Krieg unmittelbar bevorstand. Auch der Bericht eines Mossad Spions aus Europa, welcher noch einen Tag vorher spezifische Informationen über einen Angriff nach Israel gemeldet hatte, wurde dabei von Golda Meir und ihrem Geheimdienstchef ignoriert.[92]

Obwohl man sich militärisch nicht auf einen Konflikt vorbreitete und die Warnung in dieser Hinsicht ignorierte, rief Golda Meir trotzdem am Yom-Kippur Feiertag den amerikanischen Botschafter in ihr Büro, damit sich die Vereinigten Staaten für eine politische Intervention in Kairo und Damaskus einsetzten. Zusätzlich wurde das Parlament noch für den gleichen Tag einberufen. Während der Sitzung bekamen dann schließlich die anwesenden Abgeordneten die Meldung, dass der simultane Angriff Ägyptens und Syriens an zwei Fronten begonnen hatte.[93]

Für die arabischen Staaten war das Ziel des Krieges die Rückeroberung der im Sechstagekrieg verlorenen Gebiete, also die Rückgewinnung der Golanhöhen, der Sinai-Halbinsel und des Gaza-Streifens, welcher bis dahin von Ägypten kontrolliert worden war. Zu diesem Zweck wurde am 6. Oktober die Bar Lev Verteidigungslinie, die die israelischen Streitkräfte für unüberwindbar gehalten hatten, durchbrochen. Da am Yom-Kippur-Feiertag die Juden sich dem Sühnegedanken hingeben und auf den Einsatz von Kommunikationsmitteln und Autos verzichten, gelang es den ägyptischen Streitkräften bis weit auf die Sinai-Halbinsel vorzustoßen, während gleichzeitig die syrischen Streitkräfte auf dem Golan und am Oberlauf des Jordan vorrückten.[94]

Dabei verließen sich die arabischen Streitkräfte auf ihr fünfjähriges Training unter sowjetischer Anleitung sowie die Tatsache, dass die arabischen Armeen mehr als doppelt so stark waren wie beim Ausbruch des Sechstagekriegs 1967. Während der ersten Stunden des Kriegs flog mehr als die Hälfte der ägyptischen Luftwaffe andauernde Angriffe gegen die Bar Lev Linie. Zudem wurden die Pipelines durchtrennt, mit denen Israel im Falle eines Angriffs Napalm in den Suezkanal pumpen wollte um diesen in ein undurchdringliches Inferno zu verwandeln. In den folgenden Stunden wurde der von Israel aufgebaute Sandwall von Ägypten mit Wasserwerfern voll gepumpt, welche den Wall schlicht wegspülten und den Durchbruch an acht Stellen bis zum Nachmittag des ersten Tages erlaubte. Schließlich mussten sich die israeli-

---

[92] Tyler, Patrick: A world of trouble. The White House and the Middle East – from the Cold War to the War on Terror. New York 2010, S.135ff.
[93] Die vierte Runde – ein Blitz aus blauem Himmel. Gleichzeitiger Kampfbeginn an zwei Fronten, Frankfurter Allgemeine Zeitung, 8.10.1973.
[94] Vieweger, S. 186.

schen Streitkräfte zurückziehen, als die Verteidigungslinie nach und nach auf der vollen Länge fiel. Im Glauben an die Überlegenheit der eigenen Luftstreitkräfte startete Israel einen Gegenschlag, bei dem es durch sowjetische Luftabwehrraketen dutzende Flugzeuge verlor, wodurch es Ägypten möglich wurde in voller Truppenstärke den Suezkanal zu überschreiten.[95]

Auf amerikanischer Seite machte Außenminister Kissinger die Watergate Affäre um Präsident Nixon sowie die sowjetische Haltung im Nahen Osten für den Ausbruch des Krieges verantwortlich. So glaubte Kissinger, dass die Vereinigten Staaten in der aktuellen Situation als schwach angesehen wurden und erst die Kombination der Ereignisse die arabischen Staaten dazu gebracht hatten, sich für einen Angriff zu entscheiden. Allerdings glaubte er, dass Israel den Konflikt binnen ein, zwei Tagen gelöst haben würde und empfahl lediglich die sechste Flotte im Mittelmeer in Bereitschaft zu versetzen. Am Nachmittag des ersten Tags meldete sich schließlich der Stabschef General Haig erneut bei Kissinger um diesem Mitzuteilen, dass Nixon bereit war, von New York nach Washington zurückzukehren, um seine Befürchtung zu äußern, dass Nixon als zu angeschlagen und Handlungsunfähig wegen der Watergate Affäre angesehen werden könnte. Bei diesem Telefonat machte Kissinger schon deutlich, wie die Rolle Nixons im weiteren Kriegsverlauf schließlich auch aussah: *„We should use the president when it will do him some good. He must avoid looking hysterical."*[96] Die weitere Haltung der Vereinigten Staaten wurde in der Folge fast ausschließlich von Haig und Kissinger bestimmt.

Doch der erwartete israelische Erfolg gegen die arabischen Staaten blieb aufgrund des Überraschungsangriffs aus. Binnen der ersten achtundvierzig Stunden gelang es den Streitkräften Ägyptens und Syriens ganze Gebiete zurückzuerobern und die israelischen Streitkräfte in die Defensive zu drängen. Es zeigte sich, dass die sowjetische Ausbildung für die arabischen Streitkräfte nach dem Sechstagekrieg Wirkung gezeigt hatte. Doch kurz nach den ersten Erfolgen fielen die ägyptischen Truppen wieder in ihre gewohnte Militärtaktik zurück und die israelischen Truppen konnten sich der neuen Situation zudem recht schnell anpassen.[97] Trotzdem sah es am vierten Tag es

---

[95] Tyler, S.136f.
[96] Ebd., S.138f.
[97] Scheben, Thomas: Ägypten im Kalten Krieg. Hier S. 438.

Kriegs für Israel so schlecht aus, dass Verteidigungsminister Dayan offen die Befürchtung äußerte, dass es den ägyptischen Streitkräften gelingen könnte an der Front soweit durchzubrechen, dass ein Angriff auf israelische Großstädte möglich wäre, und dass sogar die Möglichkeit bestand, dass Israel völlig zerstört werden könnte. Selbst Golda Meir war sich nicht sicher, ob ein Sieg für Israel auf konventionellem Weg noch möglich war und entschied sich, die nuklearen Streitkräfte des Lands in Alarmbereitschaft zu versetzen. Zu diesem Zweck wurden an den französischen Mirage Flugzeugen Nuklearwaffen montiert und die Maschinen standen für den Fall der Fälle, dass Israel wirklich überrannt werden sollte, schon auf der Startbahn bereit.[98]

Zusätzlich zur Ausbildung an dem Kriegsgerät richtete die Sowjetunion am 10.Oktober eine Luftbrücke ein, um weiteres Kriegsgerät nach Syrien und Ägypten zu transportieren, um den arabischen Verbündeten ihre zahlenmäßige Überlegenheit weiter zu sichern.[99]

Auf ägyptischer Seite spielte Sadat weiter den Oberkommandierenden und ersparte mit seinem Befehl, nach dem Überschreiten des Suezkanal zu stoppen, Israel die befürchtete Vernichtung. Sadat war sich dabei der Tatsache bewusst, dass sich seine Streitkräfte so weit wie möglich unter dem Schutz des sowjetischen Raketenschirms vorgewagt hatten wie dies möglich war. Jedes weitere Vorrücken von nun an machte die ägyptischen Streitkräfte verwundbar und tragbare Luftabwehrwaffen lieferten nicht den gleichen Schutz wie die fest montierten sowjetischen Anlagen entlang des Suezkanals. Allerdings befand sich Sadat auch unter dem Druck zu handeln, da sich der israelische Gegenschlag auf die syrische Grenze fixiert hatte und es Israel gelungen war, an dieser Front Syrien erhebliche Verluste zuzufügen und sogar Damaskus zu bombardieren. Dabei war das Ziel, die syrische Bevölkerung so stark zu demoralisieren, dass diese aufgab. Dieses Ziel wurde jedoch von Israel nicht erreicht, obwohl General Assad auch in Syrien selbst nicht unangefochten war, zeigte der Angriff, dass die syrische Bevölkerung sich durch den Krieg und die nun zunehmenden negativen Folgen für Syrien solidarisierte. Selbst die Regierung, welche beim Krieg 1967 noch aus Damaskus geflohen war, hatte sich diesmal dazu entschieden in Damaskus auszuharren.[100]

---

[98] Tyler, S.141.
[99] Hahn, Peter L.: Crisis and crossfire. The United States and the Middle East since 1945. Dulles 2005, S.58.
[100] Die Syrer arrangieren sich mit dem Krieg, Frankfurter Allgemeine Zeitung, 16.10.1973.

Am Morgen des 12. Oktober befanden sich die israelischen Streitkräfte dreißig Meilen vor Damaskus und zwangen dadurch die Sowjetunion, drei ihrer Luftdivisionen in Alarmbereitschaft zu versetzen, da man in Moskau nicht gewillt war, das Assad Regime aufzugeben. Der Erfolg der israelischen Streitkräfte ging jedoch mit einem enormen Munitionsverbrauch einher und es stellte sich die Frage, ob es ohne Nachschub möglich war die Front zu halten.[101]

Auf amerikanischer Seite zögerte man anfänglich mit einem Eingreifen in den Konflikt. Zum einen glaubte man dass Israel von alleine in der Lage wäre, den Angriff Ägyptens und Syriens abzuwehren und im Anschluss daran Israel einen ebenso schnellen Sieg erringen würde wie im Sechstagekrieg 1967. Auf der anderen Seite fürchtete man die Reaktion der arabischen Staaten, die sich zur OPEC zusammengeschlossen hatten. Der US-Regierung waren noch die Folgen des Öl Embargos nach dem Sechstagekrieg gut in Erinnerung, und man hatte die Äußerungen des saudischen Monarchen Faisal vom 2. September 1973 auch vernommen: *„We have no wish to restrict our oil exports to the United States in any way, but, as I have just pointed out, America's complete support for Zionism and against the Arabs makes it extremely difficult for us to supply the United States with oil."*[102] Damit war die Haltung der arabischen Staaten für Washington ganz klar, sollten die Vereinigten Staaten in irgend einer Weise Israel militärisch Unterstützen, würden die arabischen Staaten von der „Öl Waffe" gebrauch machen.

Aufgrund der Tatsache, dass die Sowjetunion schon seit dem 10. Oktober die ägyptischen und syrischen Streitkräfte kontinuierlich mit neuem Kriegsgerät versorgte und sich nun die israelische Ministerpräsidentin Golda Meir persönlich an Nixon wandte mit der Feststellung, dass man die Front ohne Nachschub nicht länger halten könnte, entschied sich Nixon in der Nacht vom 12. auf den 13. Oktober dazu, von seiner abwartenden Haltung abzuweichen und sich offen auf die Seite Israels zu stellen. Weltweit wurden die Entscheidungen Nixons in dieser Nacht als Ausdruck der Stärke wahrgenommen, obwohl er sich in Wirklichkeit politisch in seiner schwächsten Stunde befand.[103] Zu diesem Schritt entschied sich Nixon nicht zuletzt auch deshalb, weil Moskau mit der offenen Unterstützung für

---

[101] Tyler, S. 145 und 149.
[102] Little, Douglas: American Orientalism. The United States and the Middle East since 1945. Chapel Hill ³2002, S.65ff.
[103] Tyler, S.151.

Ägypten und Syrien einen klaren Bruch des Abkommens zwischen Washington und Moskau vollzog, welches im Juni zuvor von Breschnew und Nixon vereinbart worden war. Kern dieses Abkommens war, dass sich die Supermächte gegenseitig über jede Krisengefahr für den Weltfrieden unterrichteten. Statt aber mit Washington über die Eskalation zu reden und eine gemeinsame Lösung zu suchen, entschied man sich in Moskau zu einer weiteren Rüstungseskalation welche schließlich Nixon und Kissinger dazu zwang, die israelischen Verluste auszugleichen.[104]

Die israelischen Streitkräfte wurden in der Folge durch eine von den Vereinigten Staaten von Amerika am 13. Oktober eingerichtete Luftbrücke versorgt, über die Material nach Israel eingeflogen wurde. Der Krieg zeigte erneut den Schatten des Ost-West Konflikt. Die Sowjetunion hatte die arabischen Staaten wieder hochgerüstet und Amerika griff durch militärische Hilfe auf Seiten Israels jetzt direkt in den Konflikt ein.[105] Nixons Befehl war dabei deutlich: *„send everything that will fly."* Bis zum Ende der Luftbrücke am 15. November war es der Air Force gelungen, über 11.000 Tonnen militärischen Nachschubs nach Israel zu transportieren.[106]
Zusätzlich zu den Lieferungen durch die Air Force kamen weitere Unterstützungen durch Seelieferungen in Israel an. Dabei lieferten die Vereinigten Staaten Panzer und schwere Waffen. Am Morgen, an dem die ersten Lieferungen Israel erreichten, fand schließlich auch die zuvor befürchtete Offensive der ägyptischen Streitkräfte in Richtung Israel statt.[107]
Jedoch gelang es Israel durch die amerikanische Hilfe, militärisch in die Offensive zu gehen. An der Südfront gelang es General Ariel Sharon, die komplette dritte ägyptische Armee auf dem Sinai zu umgehen, diese von jeder Unterstützung abzuschneiden, den Suezkanal zu überschreiten und bis knapp 100km vor Kairo vorzurücken.[108] Ähnlich erfolgreich war zuvor bereits der Gegenschlag bei den Golanhöhen verlaufen.

---

[104] Die Probe für Nixons große Diplomatie, Frankfurter Allgemeine Zeitung, 18.10.1973.
[105] Werner, Oliver: Das Krisenmanagement der Supermächte im Jom-Kippur-Krieg 1973. Hier: S. 450.
[106] Little, S.106.
[107] Tyler, S.152.
[108] Werner, Oliver: Das Krisenmanagement der Supermächte im Jom-Kippur-Krieg 1973. Hier: S. 461.

In Washington wurde das Vorrücken Israels jedoch mit Sorge beobachtet, da man auf keinen Fall einen Ausgang wie beim Sechstagekrieg erreichen wollte. Im Pentagon vertrat man daher sehr schnell die Devise: „*The Arabs have gotten some of their honor back, and we don't want the Israelis to take it away. It's time to settle,*". Die Richtung, in welche die amerikanische Regierung wollte, war folglich klar, man wollte so schnell wie möglich ein Waffenstillstandsabkommen erreichen, bei dem beide Seiten sich als Gewinner sehen konnten.[109]

Obwohl die eigentlichen Kampfhandlungen bereits zu Ende waren und man sich schon Gedanken über ein Ende des Kriegs und einen möglichen Waffenstillstand machte, sollte die wirklich gefährlichste Phase des Kriegs jetzt erst beginnen. Die Lage für die eingekesselte dritte ägyptische Armee war so schlecht geworden, dass der sowjetische Parteisekretär Breschnew sich persönlich an Nixon wandte um diesem mitzuteilen, dass die Sowjetunion Soldaten zur Unterstützung der dritten Armee senden würde. In der Folge entschied sich Nixon, einen Teil der amerikanischen Streitkräfte in Bereitschaft zu versetzen.[110] Die Supermächte steuerten geradewegs in eine offene Konfrontation im Nahen Osten hinein. Der Höhepunkt war schließlich schon am 24. Oktober erreicht, nachdem man in Washington entschieden hatte, dass die Sowjetunion von dem Entsenden militärischer Truppen abgehalten werden müsste und Israel jegliche Kämpfe auf der Sinai Halbinsel einzustellen hätte. Zu diesem Zweck entschied sich die unter Vorsitz von Kissinger tagende „Washington Special Action Group" (WSAG), den Alarmzustand für die weltweiten Truppen inklusive der nuklearen Verbände auf DefCon 3 zu erhöhen. Diese Entscheidung fand wahrscheinlich ohne den Einbezug von Präsident Nixon statt. Das politische Kalkül, das dabei in Washington eingegangen worden war, ging in der Folge auf, da man in Moskau nicht bereit war, wegen Ägypten und Syrien gegen die Vereinigten Staaten Krieg zu führen. In der Folge verringerten sich die Spannungen relativ schnell.[111]

Bis zum Waffenstillstand am 25./26. Oktober 1973 war es den israelischen Streitkräften gelungen, die syrischen und ägyptischen Streitkräfte deutlich zurückzudrängen.

---

[109] Tyler, S.153f.
[110] Steininger, Rolf: Israel und der Nahostkonflikt 1972 – 1976, S.123.
[111] Werner, Oliver: Das Krisenmanagement der Supermächte im Jom-Kippur-Krieg 1973. Hier: S. 467f.

7.2. Folgen

Trotzdem war der Schaden für Israel deutlich zu spüren. Der Glaube an die eigene Unbesiegbarkeit war dahin, und man hatte erhebliche eigene Verluste hinnehmen müssen. Die israelische Ministerpräsidentin Golda Meir, die Levi Eschkol nach dessen Tod ins Amt gefolgt war, musste im Anschluss an den Krieg die hohen Verluste Israels erklären, ebenso wie die Tatsache, wie es überhaupt soweit kommen konnte. Zu diesem Zweck wurde eine von Shimon Agranat geführte Kommission eingesetzt, bis zur deren Ergebnis die Regierung im Amt bleiben sollte.[112] Im April 1974 wurde schließlich ein erster Bericht vorgelegt, welcher Golda Meir und Moshe Dayan entlastete, die Schuld für die hohen Verluste und die Beinahe-Niederlage lag vielmehr beim militärischen Geheimdienst.[113] Trotzdem war die Regierung schon so angeschlagen, dass der politische Ansehensverlust nicht mehr aufzuarbeiten war.

Golda Meirs Nachfolger wurde später Jitzhak Rabin, der im Sechstagekrieg als Generalstabschef maßgeblich an der Ausarbeitung der strategischen Pläne beteiligt gewesen war und auch seinen Beitrag zum Yom-Kippur-Krieg geleistet hatte.[114]

Israel und die westliche Welt befanden sich jedoch nach dem Krieg in der Krise. Die israelische Bevölkerung war tief getroffen von den Auswirkungen des Krieges. Die westlichen Staaten, welche nahezu allesamt auf Seiten Israels gestanden hatten, bekamen die Solidarität der arabischen Staaten zu spüren, als diese erstmals Öl als politische Waffe einsetzten. Die OPEC-Staaten drosselten die Öl-Gewinnung so massiv, dass es zur so genannten Öl-Krise kam, welche internationale Auswirkungen zeigte.[115]

Ägypten und Syrien hatten zwar erneut den Krieg militärisch verloren, trotzdem aber massiv an Ansehen in der arabischen Welt gewonnen, da es ihnen möglich gewesen war, den israelischen Soldaten die Stirn zu bieten. Somit hatte man wenigstens eine Steigerung des Ansehens in der arabischen Welt errungen und die Schmach von 1967 rückgängig gemacht, indem man gezeigt hatte, dass Israel durchaus nicht unbesiegbar war.[116]

---

[112] Burkett, Elinor: Golda. New York 2008, S.351.
[113] von Dehn, S.323.
[114] Vieweger, S. 187.
[115] Adams, Willi Paul: Die USA im 20. Jahrhundert. (= Oldenbourg Grundriss der Geschichte, Bd. 29). München ²2008, S.107.
[116] Hahn, S.58.

Auch außenpolitisch hatte der Ausgang des Yom-Kippur-Kriegs für Israel erhebliche Auswirkungen. So war man bis zum Kriegsbeginn der Auffassung gewesen, dass es Israel noch nie so gut gegangen wäre und hatte keine Absicht gehabt, die im Sechstagekrieg eroberten Gebiete irgendwann zurückzugeben, vielmehr hatte man diese als zusätzliche strategische Tiefe des Landes angesehen, welches man ebenfalls bevölkern wollte. Von diesem Plan musste man nun abweichen, da die Vereinigten Staaten sich darauf nicht einlassen wollten. Israel wurde von Kissinger dazu gedrängt, dem Waffenstillstandsabkommen zuzustimmen. Folglich hatte man zwar militärisch einen weiteren Erfolg errungen, politisch aber eine schwere Niederlage hinnehmen müssen. Die Unterzeichnung des Abkommens fand dann schließlich am 11. November 1973 am Meilenstein 101 an der Straße Suez Kairo statt.[117]

Kissinger versuchte direkt im Anschluss an das Ende der offiziellen Kampfhandlungen, einen Friedensschluss zwischen Israel, Syrien und Ägypten zu erreichen. Zu diesem Zweck bereiste er ab Oktober 1973 bis zum Sommer 1974 mehrfach Israel sowie die arabischen Staaten. Nach dem Abkommen zwischen Israel und Ägypten konnte ein weiteres Abkommen zwischen Israel und Syrien schließlich am 31. Mai 1974 geschlossen werden. Außerdem gelang es Kissinger, wieder diplomatische Beziehungen zwischen den Vereinigten Staaten und Ägypten aufzubauen, welche seit 1967 auf Eis gelegen hatten. Zudem erreichte er es, dass die arabischen Staaten sich im März 1974 dazu entschlossen, wieder Öl in den Westen zu exportieren.[118]

Mit dem Tod Nassers und der Übernahme der Regierungsgeschäfte durch Sadat hatten die Vereinigten Staaten einen Ansprechpartner in Ägypten, der sich eher westlich orientierte. Bis zum Ende der 1970er Jahre war Sadat zu einem angesehenen Staatsmann geworden, der sich für den Frieden einsetzte und in Washington gern gesehen war.[119]

---

[117] Steininger, Israel und der Nahostkonflikt 1972 – 1976, S. 125f.
[118] Hahn, S.60f.
[119] Little, S.191.

Diese ersten diplomatischen Annäherungen zwischen den Vereinigten Staaten, Israel und Ägypten führten im September 1975 zum so genannten Sinai II Abkommen, welches einen langsamen Rückzug Israels vorsah und einen Aufbau von Frühwarnsystemen auf beiden Seiten.[120]

Das Sinai II Abkommen wurde schließlich zur Basis für das Camp David Abkommen von 1979, in welchem die Vereinigten Staaten Israel dazu bewegten, den Sinai an Ägypten zurückzugeben, während im Gegenzug Ägypten Israel offiziell anerkannte. Zudem gingen beide Staaten einen Friedensvertrag ein. Somit war der Yom-Kippur-Krieg zur Basis für einen Friedensbeginn im Nahen Osten geworden.

---

[120] Hahn, S.61.

8. Fazit

Während es sich beim Unabhängigkeitskrieg 1948 nicht nur militärisch sondern auch in der Wahrnehmung der meistens Israelis um einen Existenzkrieg gehandelt hatte, standen die weiteren Waffengänge bis 1973 im Nahen Osten unter ganz anderen Vorzeichen. Die Suezkrise von 1956 war dabei ganz eindeutig nur politisches Kalkül der ehemaligen Kolonialmächte Frankreich und Großbritannien, die zum letzten Mal versuchten ihren Machtanspruch zu legitimieren. Für Israel hingegen ging es in diesem Krieg in keiner Weise um die Stabilisierung des Nahen Osten oder gar die Existenzsicherung.

Allerdings erwuchs mit Nasser ein politischer Gegenspieler, der in der Folge von der Regierung Eschkol offen als zweiter Hitler angesehen wurde. Diese Ansicht ermöglichte schließlich die Legitimation des Sechstagekriegs, der eine offene Eskalation der Gewalt im Nahen Osten nach sich zog. Die Tatsache, dass die arabischen Staaten eine solch demütigende Niederlage von Israel zugefügt bekamen wirkte noch über Jahre nach und zeigt sich nicht zuletzt auch daran, wie schnell es zu einer weiteren militärischen Konfrontation der beteiligten Parteien kam.

Im Nachhinein kann man mit Blick auf die militärischen Möglichkeiten der arabischen Staaten ganz klar gesagt werden, dass es sich 1967 für Israel um keinen Existenzkrieg handelte und es keine Gefahr gab, dass die arabischen Staaten Israel zuerst angreifen würden. Untermauert wird dies auch durch die Ansicht der westlichen Verbündeten Israels, die von Anfang an von einem klaren militärischen Sieg für Israel ausgingen und sich lediglich die Frage stellten, wie lange der Krieg dauern würde. Der Faktor, dass Israel in diesem Krieg als Aggressor auftrat und die arabischen Staaten durch die Annexion der eroberten Gebiete noch zusätzlich demütigte, führte schließlich dazu, dass es zur Gewaltspirale bis 1973 kam.

Unter Berücksichtigung dieser Entwicklung muss schließlich auch die Rolle der Palästinenser und der PLO als deren politische Vertretung gesehen werden. Bis 1967 hatte, diese unter der Aufsicht und Führung des ägyptischen Präsidenten Nasser gestanden. Durch den Ansehensverlust für Ägypten und den Glauben der Palästinenser, dass Ägypten zu schwach war, um die eigenen Interessen durchzusetzen, kam es erst zur Terrorwelle, die Israel in den folgenden Jahren bis 1974 überrollte, und die einen blutigen und international beachteten Höhepunkt im Anschlag von München 1972 fand.

Der Glaube Israels, dass jeder weitere Krieg mit der Existenz des Staates gleich zu setzen sei, führte schließlich zum Atomprogramm und der Politik der atomaren Zweideutigkeit, da man unter keinen Umständen das erste Land im Nahen Osten sein wollte, dass zuerst offen Atomwaffen in der Region einführte. Der Glaube daran, dass der Besitz der Bombe Israel aber vor weiteren Angriffen schützen würde, erwies sich schon beim Abnutzungskrieg und erst recht beim Yom-Kippur-Krieg als Trugschluss. Vielmehr entwickelte sich das Atomprogramm zur wahren Gefahr im Nahen Osten, da die Reaktion Golda Meirs zeigte, dass Israel gewillt war, nukleare Waffen einzusetzen, wenn Israel mit dem Rücken zur Wand stand.

Der gesamte Konflikt zwischen 1967 und 1974 muss schließlich auch unter dem Aspekt des Kalten Kriegs betrachtet werden. Nicht zuletzt die Einmischung der beiden Supermächte führte zu einer solchen Eskalation der Gewalt. Die Rüstungsspirale, welche zwischen den USA und der Sowjetunion stattfand, wurde von diesen auch auf den Nahen Osten übertragen. Die enormen militärischen Lieferungen seitens der Sowjetunion an ihre arabischen Partner machte es für Israel nötig, sich ebenfalls bis ans äußerste zu bewaffnen.

Trotzdem erreichte der Yom-Kippur-Krieg schließlich eine vorübergehende Stabilisierung des Nahost-Konflikts. Da es den arabischen Staaten gelungen war ein wenig ihres Ansehens in der Welt wiederherzustellen und Israel durch die Einmischung der Vereinigten Staaten schließlich an den Verhandlungstisch gezwungen wurde, war es möglich geworden einen dauerhaften Frieden zwischen Israel und Ägypten zu erreichen. In Israel trat in der Folge die Politik Annerkennung und Frieden gegen Land in den Vordergrund. Mit Blick auf Syrien lässt sich zwar festhalten, dass dort bis heute nicht die UN-Resolution 242 eingehalten wird, dies hat aber auch Gründe die sich erst nach 1974 zeigten.

Ausblickend wäre eine Untersuchung der Jahre nach 1974 unter Berücksichtigung der in dieser Arbeit herausgestellten Ergebnisse sehr Interessant. Hierbei wäre der innere Konflikt zwischen den Palästinensern und die Rolle Israels von Interesse. Ein weiterer gerade sehr aktueller Forschungsansatz wäre die Frage nach einem nuklearen Wettrüsten im Nahen Osten mit Blick auf das iranische Atomprogramm und seine Vorläufer im Irak und Saudi-Arabien.

9. Akteneditionen

Steininger, Rolf: Eine Aktenedition. Berichte aus Israel. 1966 – 1968 Botschafter Dr. Walther Peinsipp. Bd. 9. München 2004.

Steininger, Rolf: Eine Aktenedition. Berichte aus Israel. 1970 – 1972 Botschafter Dr. Arthur Agstner. Bd. 11. München 2004.

Steininger, Rolf: Israel und der Nahostkonflikt 1972 – 1976. München 2006.

10. Bibliographie

Adams, Willi Paul: Die USA im 20. Jahrhundert. (= Oldenbourg Grundriss der Geschichte, Bd. 29). München ²2008.

Ashton, Nigel: King Hussein of Jordan. A political Life. New Haven 2008.

Bregman, Ahron: Israel's Wars. A history since 1947. New York ³2010.

Burkett, Elinor: Golda. New York 2008.

Cohen, Avner: Israel and the Bomb. New York 1998.

Frey, Marc: Lyndon B. Johnson (1963 – 1969): Great Society und Vietnam – Trauma. In: Christof Mauch u.a. (Hrsg): Die amerikanischen Präsidenten. 44 historische Portraits von George Washington bis Barack Obama. München 2009, 361-371.

Ginor, Isabella/ Remez, Gideon: Foxbats over Dimona. The Soviets Nuclear Gamble in the Six-Day-War. New Haven 2007.

Hahn, Peter L.: Crisis and crossfire. The United States and the Middle East since 1945. Dulles 2005.

Herzog, Chaim: The Arab-Israeli Wars. War and Peace in the Middle East from the 1948 War of Independence to the Present. New York ³2010.

Kuniholm, Bruce: Die Nahostkriege, der Palästinakonflikt und der Kalte Krieg. In: Bernd Greiner u.a. (Hrsg): Heiße Kriege im Kalten Krieg. Studien zum Kalten Krieg Bd.1. Hamburg 2006, S. 442-468.

Lesch, David W.: The Arab-Israeli conflict. A history. Oxford 2008.

Little, Douglas: American Orientalism. The United States and the Middle East since 1945. Chapel Hill ³2002.

Lozowick, Yaacov: Israels Existenzkampf. Eine moralische Verteidigung seiner Kriege. Bonn 2006.

Mahr, Horst: Die Rolle Ägyptens in der amerikanischen und sowjetischen Außenpolitik. Von der Suezkrise 1956 bis zum Sechs-Tage-Krieg 1967. Baden-Baden 1993.

Maoz, Zeev. Defending the Holy Land: a critical analysis of Israel's security and foreign policy. Ann Arbor 2009.

Oren, Michael B.: Six Days of War. June 1967 and the Making of the Modern Middle East. New York, 2003.

Rotter, Gernot/ Fathi, Schirni: Nahostlexikon. Der israelisch-palästinensische Konflikt von A-Z. Heidelberg 2001.

Schäuble, Martin/ Flug, Noah: Die Geschichte der Israelis und Palästinenser. München ²2010.

Scheben, Thomas: Ägypten im Kalten Krieg. In: Bernd Greiner u.a. (Hrsg): Heiße Kriege im Kalten Krieg. Studien zum Kalten Krieg Bd. 1. Hamburg 2006, S. 408-441.

Segev, Tom: 1967. Israels zweite Geburt. Bonn 2007.

Steininger, Rolf: Der Nahostkonflikt. Frankfurt am Main 2003.

Tyler, Patrick: A world of trouble. The White House and the Middle East – from the Cold War to the War on Terror. New York 2010.

Vieweger, Dieter: Streit um das heilige Land. Was jeder vom israelisch-palästinensischen Konflikt wissen sollte. München 2010.

von Dehn, Rüdiger: Jahre der Entscheidung: Die amerikanische Israel-Politik 1967 und 1973. Hamburg 2010.

Werner, Oliver: Das Krisenmanagement der Supermächte im Jom-Kippur-Krieg 1973. In: Bernd Greiner u.a. (Hrsg.): Krisen im Kalten Krieg. Studien zum Kalten Krieg Bd. 2. Hamburg 2008, S. 446-476.

11. Zeitungen

Die Welt
Frankfurter Allgemeine Zeitung
Jerusalem Post

12. Web-Ressourcen

Balfour Declaration
http://www.crethiplethi.com/the-balfour-declaration-of-1917/english/2010/
[03.01.2012].

British White Paper
http://avalon.law.yale.edu/20th_century/brwh1922.asp [03.01.2012].

Statement by Prime Minister Ben Gurion
http://www.mfa.gov.il/MFA/Foreign+Relations/Israels+Foreign+Relations+since+1947/1947-1974/20+Let+us+not+glory-+from+a+statement+by+Prime+Min.htm
[04.01.2012].

USS Liberty Memorial: Summary of Events. Background
http://gtr5.com/summary_of_events.htm [23.01.2012]

Resolution 242 des Sicherheitsrats vom 22. November 1967
http://daccess-dds-ny.un.org/doc/RESOLUTION/GEN/NR0/240/94/IMG/NR024094.pdf?OpenElement
[24.01.2012].

Zum besseren Verständnis der Entstehung des Negev Nuclear Research Center:
http://www.globalsecurity.org/wmd/world/israel/dimona.htm [15.02.2012].

Israel: The Nuclear Issue and Sophisticated Weapons. Position Paper
http://www.gwu.edu/~nsarchiv/NSAEBB/NSAEBB189/IN-01.pdf [16.02.2012].

Zum besseren Verständnis des Inhalts des Nichtverbreitungsvertrags, im weiteren Verlauf nur noch NPT Vertrag genannt
http://www.iaea.org/publications/Documents/infcircs/infcirc140.pdf [14.02.2012].

Schreiben des Außenministeriums ans amerikanische Department of State betreffend der NPT Vertrags http://www.gwu.edu/~nsarchiv/nukevault/ebb253/doc25b.pdf
[16.02.2012].

Department of State. Issues to be Considered in Connection with Negotiations with Israel for F-4 Phantom Aircraft.
http://www.gwu.edu/~nsarchiv/NSAEBB/NSAEBB189/IN-02.pdf [16.02.2012].

Memorandum of Conversation. Negotiations with Israel – F-4 and Advanced Weapons http://www.gwu.edu/~nsarchiv/NSAEBB/NSAEBB189/IN-03b.pdf [16.02.2012].

Schreiben des Stellvertretenden Verteidigungsministers an den israelischen Botschafter Rabin http://www.gwu.edu/~nsarchiv/NSAEBB/NSAEBB189/IN-03d.pdf
[16.02.2012].

Department of State an die israelische Botschaft
http://www.gwu.edu/~nsarchiv/NSAEBB/NSAEBB189/IN-14.pdf [16.02.2012].

Memorandum of Conversation. Kissinger's Office.
http://www.gwu.edu/~nsarchiv/NSAEBB/NSAEBB189/IN-28.pdf [16.02.2012].